P2
Ombre di Potere

Leonardo Serra

A tutti coloro che, con coraggio e determinazione, hanno cercato la verità nelle ombre del potere.
E a chi continua a credere nella giustizia, anche quando il percorso sembra più buio del previsto.

Leonardo Serra

Introduzione: Il Velo del Mistero

C'è qualcosa di irresistibilmente affascinante nel mistero, nell'idea che dietro le quinte della storia ufficiale si muovano forze invisibili, trame segrete e poteri occulti. Questo richiamo ha alimentato leggende, romanzi e teorie del complotto per secoli, stimolando l'immaginazione collettiva e generando un mix di timore e curiosità. In Italia, paese ricco di storia e complessità politica, queste sensazioni trovano terreno fertile, soprattutto quando si parla di organizzazioni come la Loggia Massonica P2.

La P2 rappresenta uno dei capitoli più enigmatici e controversi della storia italiana del dopoguerra. Una loggia massonica deviata, un'élite segreta che, secondo molteplici inchieste e testimonianze, avrebbe esercitato una profonda influenza sulle istituzioni, sull'economia e sull'informazione. Ma cosa c'è di vero in tutto questo? Quanto di ciò che si racconta è realtà e quanto è frutto di speculazione?

Questo libro nasce dal desiderio di sollevare il velo del mistero che ancora oggi avvolge la P2, esplorando non solo i fatti documentati, ma anche le zone d'ombra, le contraddizioni e le domande rimaste senza risposta. Attraverso un percorso che combina rigore storico e narrazione coinvolgente, cercheremo di fare luce su un fenomeno che ha segnato profondamente la società italiana

A distanza di decenni, perché è importante tornare a parlare della P2? La risposta risiede nella persistenza delle dinamiche di potere occulto e nelle lezioni che il passato può offrire al presente. La storia della P2 non è solo un racconto del passato, ma un monito sulla fragilità delle istituzioni democratiche quando vengono minate dall'interno.

Nel contesto attuale, caratterizzato da rapide trasformazioni sociali, crisi economiche e sfide globali, comprendere come un'organizzazione segreta abbia potuto infiltrarsi nei gangli vitali dello Stato italiano diventa fondamentale. Ci permette di riconoscere segnali di allarme, di promuovere la trasparenza e di rafforzare i meccanismi di controllo democratico.

Inoltre, molti dei protagonisti di quella stagione politica hanno lasciato un'eredità che influenza ancora oggi il panorama istituzionale e culturale del paese. Ignorare o dimenticare questa parte della nostra storia significherebbe rinunciare a una comprensione profonda delle radici di alcuni problemi contemporanei.

Questo libro si propone di offrire al lettore una visione completa e articolata della Loggia Massonica P2, evitando sensazionalismi e pregiudizi. Attraverso una ricerca accurata e l'analisi critica delle fonti, cercheremo di:

Ricostruire le origini e lo sviluppo della P2, contestualizzandola nel panorama storico italiano ed europeo.

Esaminare la figura di Licio Gelli, il Gran Maestro della loggia, esplorando le sue ambizioni, le sue strategie e le sue connessioni internazionali.

Analizzare le modalità di infiltrazione nelle istituzioni, nell'economia e nei media, evidenziando le tattiche utilizzate per esercitare il potere occulto.

Approfondire gli scandali e le operazioni più rilevanti, come il caso del Banco Ambrosiano e le presunte interferenze nella strategia della tensione.

Esplorare l'impatto sulla democrazia italiana, riflettendo sulle conseguenze a breve e lungo termine sulla società e sulle istituzioni.

Indagare sui misteri irrisolti e sulle teorie del complotto, mantenendo un approccio critico e distinguendo tra fatti accertati e speculazioni.

Riflettere sull'eredità della P2, valutando le influenze sulla politica moderna e le lezioni che possiamo trarre per il futuro.

Il percorso si snoderà attraverso cinque parti, ognuna focalizzata su un aspetto specifico, ma interconnesse per offrire una visione d'insieme. Utilizzeremo un linguaggio chiaro e accessibile, arricchito da testimonianze dirette, documenti originali e analisi multidisciplinari.

Mentre ci addentriamo in questo viaggio nel cuore delle ombre della Repubblica, ti invitiamo a mantenere uno spirito critico e aperto. La storia della P2 è complessa e spesso controversa, ma è proprio attraverso il confronto e la riflessione che possiamo avvicinarci alla verità.

Questo libro non pretende di avere tutte le risposte, ma aspira a porre le domande giuste. In un'epoca in cui le informazioni sono sovrabbondanti ma spesso superficiali, approfondire temi come questo diventa un atto di responsabilità civile.

Prepariamoci dunque a sollevare insieme il velo del mistero, per comprendere non solo cosa sia accaduto, ma anche perché sia accaduto e come possiamo, come società, imparare da questa storia per costruire un futuro più trasparente e giusto.

Parte I: Le Radici dell'Oscurità

La Massoneria in Italia – Tra Ideali e Segreti

La storia della massoneria in Italia è un intreccio affascinante di ideali elevati, lotte per la libertà e ombre di segretezza che hanno alimentato sospetti e controversie. Per comprendere appieno le dinamiche che hanno portato alla nascita della Loggia P2, è essenziale esplorare le radici profonde della massoneria nel contesto italiano e il ruolo cruciale che ha giocato nei momenti chiave della nostra storia.

La massoneria, nata ufficialmente nel 1717 con la fondazione della Gran Loggia di Londra, si diffuse rapidamente in Europa come movimento filosofico e morale. Basata su principi di libertà, uguaglianza e fratellanza, la massoneria promuoveva il miglioramento dell'individuo e della società attraverso la ricerca della verità e la pratica della virtù. I suoi membri, riuniti in logge, si impegnavano in attività filantropiche e nel dibattito intellettuale, spesso in contrasto con le istituzioni conservatrici dell'epoca.

In Italia, la massoneria fece la sua comparsa nel XVIII secolo, trovando terreno fertile tra le élite intellettuali e aristocratiche. Le idee illuministe importate dall'Europa settentrionale attecchirono soprattutto nei centri urbani, dove le logge divennero fucine di pensiero progressista. Durante il periodo napoleonico, la massoneria italiana visse un momento di grande espansione, grazie anche al sostegno delle autorità francesi che vedevano in essa uno strumento per diffondere i principi rivoluzionari.

Con l'inizio del Risorgimento, la massoneria assunse un ruolo ancora più significativo. Molti patrioti e leader dell'unità italiana, come Giuseppe Garibaldi, furono massoni convinti. Le logge offrirono un luogo sicuro per discutere idee sovversive rispetto agli stati preunitari e per organizzare azioni concrete volte all'unificazione. La massoneria contribuì così alla formazione di una coscienza nazionale e alla diffusione di ideali liberali e democratici.

Nonostante il suo contributo alla causa nazionale, la massoneria in Italia dovette affrontare forti opposizioni. La Chiesa cattolica, in particolare, considerava la massoneria un nemico ideologico, accusandola di promuovere il relativismo morale e di minare l'autorità ecclesiastica. Questa ostilità si tradusse in scomuniche e nella proibizione per i fedeli di aderire alle logge. Tale conflitto contribuì ad alimentare l'aura di segretezza intorno alla massoneria, rafforzando l'immagine di una società occulta dai fini misteriosi.

All'inizio del XX secolo, la massoneria italiana continuò a esercitare una certa influenza sulla vita politica e culturale del paese. Tuttavia, l'ascesa del fascismo segnò un punto di svolta drammatico. Benito Mussolini, dopo un iniziale approccio ambiguo, decise di reprimere duramente la massoneria, vedendola come una potenziale minaccia al suo potere assoluto. Nel 1925, con la legge sulle associazioni segrete, tutte le logge furono sciolte e i massoni perseguitati. Molti furono costretti all'esilio o a operare in clandestinità.

La caduta del fascismo e la fine della Seconda Guerra Mondiale permisero alla massoneria di riemergere. Nel clima di ricostruzione e rinnovamento democratico, le logge ripresero le attività, sebbene in un contesto profondamente mutato. La Guerra Fredda e le tensioni ideologiche tra blocchi contrapposti influenzarono anche il mondo massonico, generando divisioni interne e nuove sfide.

È in questo scenario complesso che si inserisce la trasformazione della massoneria italiana. Mentre alcuni cercavano di restare fedeli agli ideali originari, altri vedevano nelle logge un mezzo per consolidare potere e influenze personali. La segretezza, un tempo necessaria per proteggersi dalle persecuzioni, divenne talvolta uno strumento per celare attività poco trasparenti.

La Loggia Propaganda Due, originariamente creata nell'Ottocento per facilitare il dialogo tra membri di alto profilo, fu riattivata nel dopoguerra con intenti diversi. Sotto la guida di Licio Gelli, la P2 si distaccò progressivamente dalla massoneria ufficiale, assumendo caratteristiche proprie di un'organizzazione parallela e deviata. La loggia attrasse politici, militari, imprenditori e giornalisti, creando una rete di connessioni che avrebbe avuto un impatto profondo sulla vita nazionale.

La metamorfosi della P2 riflette le tensioni intrinseche alla massoneria italiana del periodo: tra apertura e segretezza, tra ideali e ambizioni personali, tra servizio alla collettività e ricerca del potere. Questa duplicità alimentò sospetti e alimentò quel velo di mistero che ancora oggi avvolge le vicende legate alla P2.

Comprendere questa evoluzione è fondamentale per decifrare le dinamiche che portarono alla nascita di una loggia deviata e alle sue interferenze nelle istituzioni democratiche. Significa anche interrogarsi sui meccanismi che consentono a organizzazioni segrete di acquisire un'influenza tanto estesa e sulle responsabilità collettive nel permettere tali derive.

Mentre ci prepariamo a esplorare più in profondità le origini della P2 e il percorso di Licio Gelli, è importante tenere a mente le contraddizioni e le complessità della massoneria italiana. Solo attraverso uno sguardo critico e informato possiamo sperare di fare luce su uno dei capitoli più oscuri della nostra storia recente, traendo insegnamenti preziosi per il presente e il futuro.

Nascita di una Loggia Deviata

Nel tumulto dell'Italia post-bellica, un paese segnato dalle cicatrici profonde lasciate dalla Seconda Guerra Mondiale e dalla lotta contro il fascismo, si apriva una nuova era di ricostruzione politica, sociale ed economica. Le vecchie istituzioni cercavano di riadattarsi a un contesto mutato, mentre nuove forze emergenti aspiravano a plasmare il futuro della nazione. È in questo scenario complesso e spesso caotico che si delineano le premesse per la nascita della Loggia Propaganda Due, più comunemente conosciuta come P2.

La massoneria italiana, dopo anni di repressione sotto il regime fascista, tornava alla luce con l'intento di recuperare il suo ruolo nella società. Tuttavia, le sfide non erano poche. Le logge dovevano confrontarsi con un paese profondamente diviso, segnato da tensioni ideologiche tra le forze conservatrici, i movimenti comunisti e socialisti in crescita, e le influenze internazionali della Guerra Fredda. All'interno della stessa massoneria, emergevano divergenze su come affrontare queste nuove realtà.

In questo clima di incertezza e competizione, alcuni membri vedevano nella massoneria non solo un luogo di elevazione morale e intellettuale, ma anche un mezzo efficace per esercitare influenza politica ed economica. La tradizionale segretezza delle logge, giustificata in passato dalla necessità di proteggersi dalle persecuzioni, poteva ora essere utilizzata per fini meno nobili, celando attività opache e ambizioni personali.

La Loggia Propaganda, originariamente istituita nel XIX secolo per riunire personalità di alto profilo impossibilitate a partecipare regolarmente alle attività massoniche, era rimasta inattiva per decenni. Venne riattivata nel dopoguerra con l'intento dichiarato di facilitare il dialogo tra esponenti di spicco della società italiana. Tuttavia, questa struttura d'élite offriva anche l'opportunità di creare una rete esclusiva e influente, lontana dagli sguardi indiscreti.

Fu in questo contesto che Licio Gelli, un personaggio di grande carisma e abilità strategica, entrò in scena. Gelli, che avrebbe poi assunto un ruolo centrale nella P2, era riuscito a costruire una vasta rete di contatti durante gli anni della guerra e nel periodo immediatamente successivo. Le sue esperienze in America Latina, le relazioni con ambienti politici e militari, e una spiccata capacità di tessere alleanze ne fecero un attore chiave nel panorama italiano dell'epoca.

Sotto la guida di Gelli, la P2 iniziò a trasformarsi da semplice loggia massonica a qualcosa di molto più potente e pericoloso. Attraverso un attento processo di reclutamento, furono avvicinate figure influenti nei settori chiave della società: politici, alti ufficiali delle forze armate, magistrati, imprenditori e giornalisti. La promessa era quella di far parte di un'élite in grado di guidare il paese verso stabilità e progresso, al riparo dalle incertezze politiche e dalle minacce del comunismo.

Questa rete si basava su vincoli di lealtà personale e su un sistema di mutuo scambio di favori e informazioni. La segretezza era essenziale: gli affiliati erano tenuti a mantenere il più stretto riserbo sulla propria appartenenza e sulle attività della loggia. Questo permetteva alla P2 di operare nell'ombra, influenzando decisioni politiche ed economiche senza alcun controllo democratico.

La trasformazione della P2 in una loggia deviata fu facilitata anche dalle lacune nel sistema di controllo interno della massoneria ufficiale. Le autorità massoniche non riuscirono a monitorare efficacemente le attività di Gelli e dei suoi affiliati, permettendo alla loggia di agire in modo autonomo e spesso in contrasto con i principi massonici tradizionali. Questa mancanza di supervisione evidenzia le fragilità istituzionali che possono emergere quando le strutture di potere si basano su meccanismi di segretezza e fiducia personale.

Parallelamente, il contesto internazionale giocava un ruolo significativo. La Guerra Fredda vedeva l'Italia come un importante campo di battaglia ideologico tra Est e Ovest. Le potenze straniere, in particolare gli Stati Uniti, erano interessate a mantenere il paese nell'orbita occidentale, sostenendo forze anticomuniste anche attraverso canali non ufficiali. La P2, con la sua rete di contatti e la sua agenda politica, poteva rappresentare un utile strumento in questa strategia, ricevendo in cambio sostegno e legittimazione.

La nascita della P2 come loggia deviata non fu dunque un evento isolato, ma il risultato di una combinazione di fattori interni ed esterni. Ambizioni personali, fragilità istituzionali, tensioni ideologiche e interessi geopolitici si intrecciarono in un complesso mosaico che permise a questa organizzazione di consolidarsi e crescere.

Questo capitolo cruciale della storia italiana solleva importanti domande sulle dinamiche del potere e sulle responsabilità collettive. Come è stato possibile che un'organizzazione segreta potesse infiltrarsi così profondamente nelle istituzioni democratiche? Quali meccanismi avrebbero potuto prevenire questa deriva? E soprattutto, quali lezioni possiamo trarre per evitare che simili situazioni si ripetano?

Mentre proseguiamo nel nostro percorso, esploreremo più in dettaglio la figura di Licio Gelli e le strategie che permisero alla P2 di diventare una delle più potenti e temute organizzazioni occulte del paese. Comprendere queste dinamiche è fondamentale per decifrare non solo il passato, ma anche per vigilare sul presente e costruire un futuro più trasparente e democratico.

Licio Gelli – L'Uomo dietro le Quinte

Licio Gelli, un nome che per molti italiani evoca mistero, potere occulto e scandali che hanno segnato profondamente la storia del Paese. Comprendere la figura di Gelli è fondamentale per decifrare le dinamiche interne della P2 e il suo impatto sulla società italiana. Questo capitolo è dedicato a tracciare il profilo di un uomo enigmatico, le cui azioni hanno influenzato politica, economia e istituzioni in modo spesso invisibile ma determinante.

Nato il 21 aprile 1919 a Pistoia, in Toscana, Gelli crebbe in una famiglia modesta. Fin da giovane mostrò una spiccata capacità di adattamento e una predisposizione a tessere relazioni utili ai suoi obiettivi. Durante gli anni del fascismo, si avvicinò al regime, partecipando come volontario alla Guerra Civile Spagnola al fianco delle truppe franchiste. Questa esperienza gli permise di instaurare contatti con ambienti militari e politici che avrebbe sfruttato negli anni successivi.

Con la caduta del fascismo e l'instaurazione della Repubblica, Gelli seppe reinventarsi. Lavorò come rappresentante di aziende tessili, attività che lo portò a viaggiare frequentemente e a stabilire relazioni commerciali e personali in diversi paesi, in particolare in America Latina. Fu proprio in questo periodo che iniziò a costruire una rete internazionale di contatti, comprendente uomini d'affari, politici e membri dei servizi segreti.

Negli anni '60, Gelli si avvicinò alla massoneria italiana, entrando a far parte del Grande Oriente d'Italia. La sua abilità nel costruire rapporti e la sua visione strategica lo portarono rapidamente a emergere come figura di rilievo all'interno dell'istituzione. Fu in questo contesto che assunse il controllo della Loggia Propaganda Due, che avrebbe trasformato in uno strumento di potere personale.

La visione di Gelli era ambiziosa: creare un'élite segreta in grado di influenzare le decisioni chiave del Paese, garantendo stabilità politica ed economica secondo una propria agenda. Per raggiungere questo obiettivo, si dedicò al reclutamento di personaggi influenti in vari settori. Offriva loro l'accesso a una rete esclusiva, promesse di avanzamento di carriera e protezione reciproca. La loggia divenne così un crocevia di interessi convergenti, con Gelli al centro come abile regista.

Uno degli aspetti più affascinanti e inquietanti della personalità di Gelli era la sua capacità di muoversi nell'ombra, mantenendo un basso profilo pubblico mentre esercitava un'influenza considerevole dietro le quinte. Abile manipolatore, sapeva come sfruttare le ambizioni e le debolezze altrui, creando legami basati su segreti condivisi e favori scambiati.

Le connessioni internazionali di Gelli si rivelarono particolarmente significative. In America Latina, instaurò rapporti con regimi autoritari e servizi segreti, partecipando a operazioni finanziarie e politiche di ampia portata. Si dice che abbia avuto un ruolo nel sostenere colpi di stato e nel facilitare il trasferimento di capitali. Queste attività gli valsero l'attenzione e la collaborazione di agenzie di intelligence, interessate alle sue informazioni e alla sua rete di contatti.

In Italia, Gelli riuscì a inserirsi nei gangli vitali dello Stato. Attraverso la P2, influenzò nomine, appalti pubblici, orientamenti politici e persino decisioni giudiziarie. Il suo obiettivo dichiarato era contrastare la minaccia comunista e promuovere una stabilità favorevole agli interessi occidentali. Tuttavia, i metodi utilizzati e l'assenza di legittimazione democratica rendevano le sue azioni estremamente pericolose per l'equilibrio istituzionale del Paese.

La figura di Gelli era caratterizzata anche da un profondo senso di impunità. Convinto della solidità della sua rete e della protezione garantita dalle sue alleanze, agiva con audacia e spregiudicatezza. Questo atteggiamento emergerebbe in seguito come uno dei fattori che portarono alla sua caduta, quando l'eccesso di fiducia lo rese vulnerabile a errori e sottovalutazioni.

La vita privata di Gelli rimase sempre avvolta nel mistero. Poche erano le informazioni disponibili al grande pubblico, e lui stesso alimentava questa aura enigmatica. Possedeva proprietà lussuose, come la Villa Wanda ad Arezzo, che fungeva da centro operativo e luogo di incontri riservati. La sua famiglia era tenuta lontana dai riflettori, e le sue attività ufficiali non lasciavano trasparire l'entità del suo potere reale.

La personalità di Gelli rappresenta un esempio emblematico di come un individuo possa, attraverso astuzia, carisma e spregiudicatezza, costruire una posizione di influenza straordinaria al di fuori dei canali istituzionali ufficiali. La sua storia solleva interrogativi profondi sulle vulnerabilità delle democrazie, sulle tentazioni del potere e sui meccanismi che consentono a figure occulte di prosperare.

Comprendere Licio Gelli significa anche riconoscere le responsabilità collettive che hanno permesso la sua ascesa. La mancanza di trasparenza, la complicità di alcuni settori dello Stato, l'inerzia o l'indifferenza dell'opinione pubblica: tutti questi elementi contribuirono a creare un terreno fertile per le sue ambizioni.

Mentre ci avviamo verso i capitoli successivi, dove esploreremo le azioni concrete della P2 e il suo impatto sulla società italiana, la figura di Gelli rimarrà un punto di riferimento costante. Un uomo dietro le quinte, la cui ombra si estende ancora oggi sulla comprensione di un periodo cruciale della nostra storia.

Parte II: La Ragnatela del Potere

Infiltrazione nelle Istituzioni

La forza della Loggia Propaganda Due non risiedeva soltanto nella figura carismatica di Licio Gelli, ma soprattutto nella sua capacità di infiltrarsi profondamente all'interno delle istituzioni italiane. Questo capitolo esplora come la P2 sia riuscita a estendere i suoi tentacoli nei gangli vitali dello Stato, creando una rete di potere parallela e occulta che ha minacciato le fondamenta della democrazia italiana.

La strategia di infiltrazione della P2 era meticolosamente pianificata. Gelli e i suoi collaboratori identificarono settori chiave in cui esercitare influenza: politica, forze armate, magistratura, servizi segreti e amministrazione pubblica. L'obiettivo era duplice: da un lato, condizionare le decisioni istituzionali a proprio vantaggio; dall'altro, creare un sistema di protezione reciproca tra gli affiliati, garantendo impunità e promozioni.

Il reclutamento avveniva attraverso canali discreti. Gli affiliati venivano avvicinati personalmente, spesso tramite conoscenze comuni o in occasione di eventi riservati. La promessa era allettante: entrare a far parte di un'élite che poteva offrire opportunità di carriera, accesso a informazioni privilegiate e sostegno in caso di difficoltà. La segretezza era fondamentale: l'adesione alla loggia doveva rimanere confidenziale, per evitare sospetti e mantenere l'efficacia dell'organizzazione.

Uno degli aspetti più preoccupanti era la presenza di membri della P2 ai vertici delle forze armate e dei servizi segreti. Questo permetteva alla loggia di avere accesso a informazioni sensibili, influenzare operazioni e decisioni strategiche, e monitorare eventuali indagini che potessero minacciarla. La sicurezza nazionale poteva essere compromessa da queste interferenze, poiché le priorità della P2 non sempre coincidevano con l'interesse pubblico.

Nel mondo politico, la P2 cercava di influenzare sia esponenti di governo che dell'opposizione. L'obiettivo era assicurarsi che le decisioni legislative e amministrative fossero favorevoli ai propri interessi. In alcuni casi, la loggia avrebbe sostenuto la candidatura di politici compiacenti o cercato di ostacolare quelli considerati ostili. Questa ingerenza minava il processo democratico, alterando la rappresentanza e la trasparenza delle istituzioni.

La magistratura rappresentava un altro settore cruciale. Avere affiliati all'interno dell'apparato giudiziario permetteva alla P2 di influenzare procedimenti legali, insabbiare indagini scomode o indirizzare l'azione penale contro avversari. Questo controllo poteva garantire una sorta di immunità per i membri della loggia e i loro alleati, erodendo la fiducia dei cittadini nella giustizia.

Anche nell'amministrazione pubblica, la P2 piazzò i suoi uomini in posizioni strategiche. Attraverso questi canali, poteva orientare l'assegnazione di appalti, manipolare procedure burocratiche e favorire aziende o individui legati alla loggia. L'impatto sull'economia era significativo, con distorsioni del mercato e sprechi di risorse pubbliche.

Un caso emblematico fu quello delle liste degli affiliati, ritrovate in seguito durante le indagini. Tra i nomi figuravano alti funzionari, ufficiali, politici e imprenditori di primo piano. Questa scoperta rivelò l'estensione della rete e sollevò gravi interrogativi sulla tenuta delle istituzioni democratiche. Come poteva un'organizzazione segreta avere una presenza così capillare senza essere individuata? Quali meccanismi di controllo erano stati bypassati o resi inefficaci?

La capacità della P2 di infiltrarsi nelle istituzioni evidenziava anche le fragilità del sistema italiano dell'epoca. La mancanza di trasparenza, l'assenza di controlli adeguati e una cultura diffusa di clientelismo e corruzione crearono un terreno fertile per le attività della loggia. Inoltre, il clima di tensione politica e sociale, alimentato dalla Guerra Fredda e dagli anni di piombo, contribuiva a giustificare agli occhi di alcuni la necessità di azioni "non ortodosse" per garantire la stabilità.

È importante sottolineare che non tutti gli affiliati alla P2 erano necessariamente consapevoli dell'intera portata delle attività della loggia. Alcuni potrebbero aver visto l'adesione come un'opportunità di networking o di avanzamento professionale, senza rendersi conto delle implicazioni più profonde. Tuttavia, la segretezza e la mancanza di trasparenza rendevano difficile distinguere tra complicità consapevole e ingenuità.

Le conseguenze dell'infiltrazione nelle istituzioni furono profonde e durature. La scoperta della rete della P2 generò una crisi di fiducia nei confronti dello Stato e delle sue strutture. I cittadini si sentirono traditi da coloro che avrebbero dovuto rappresentarli e proteggerli. Questa frattura nel rapporto tra istituzioni e società civile avrebbe richiesto anni per essere sanata, e alcuni effetti si percepiscono ancora oggi.

Il caso della P2 solleva questioni fondamentali sul funzionamento delle democrazie moderne. Come possono le istituzioni proteggersi da infiltrazioni occulte? Quali meccanismi di controllo e trasparenza sono necessari per prevenire abusi di potere? E quale ruolo devono giocare la società civile e i media nel monitorare e denunciare eventuali deviazioni?

Nel proseguo del nostro percorso, esamineremo più in dettaglio come la P2 abbia esercitato il suo controllo sull'informazione e come abbia utilizzato il sistema finanziario per consolidare il proprio potere. Questi elementi completeranno il quadro di un'organizzazione che, operando nell'ombra, ha saputo sfruttare le debolezze del sistema per perseguire i propri fini, spesso a scapito dell'interesse collettivo.

Comprendere le dinamiche dell'infiltrazione nelle istituzioni non è solo un esercizio storico, ma un monito per il presente. La vigilanza, la trasparenza e l'integrità sono pilastri indispensabili per una democrazia sana e resiliente. Il caso della P2 ci ricorda quanto sia importante proteggere questi valori e impegnarsi attivamente per rafforzarli.

Il Controllo dell'Informazione

Il potere di un'organizzazione come la P2 non si misura solo dalla sua capacità di infiltrarsi nelle istituzioni, ma anche dalla sua abilità nel modellare l'opinione pubblica e nel controllare i flussi di informazione. In un'epoca in cui i media rappresentavano il principale veicolo di comunicazione e formazione delle idee, avere influenza su giornali, televisioni e case editrici significava poter orientare il dibattito pubblico e, in ultima analisi, esercitare un controllo sottile ma efficace sulla società.

La P2, sotto la guida strategica di Licio Gelli, comprese presto l'importanza cruciale dei media. La manipolazione dell'informazione divenne uno strumento fondamentale per perseguire gli obiettivi della loggia: consolidare il proprio potere, diffondere determinate ideologie e screditare avversari politici o istituzionali. Questo controllo non avveniva attraverso canali ufficiali o trasparenti, ma tramite una rete di affiliati e collaboratori posizionati in ruoli chiave all'interno del mondo dell'informazione.

Uno degli esempi più significativi fu l'influenza esercitata su alcune delle principali testate giornalistiche italiane. Attraverso l'inserimento di direttori, redattori e giornalisti affiliati alla P2, la loggia poteva orientare la linea editoriale, decidere quali notizie enfatizzare e quali minimizzare o omettere. Questo permetteva di creare un'immagine della realtà funzionale agli interessi dell'organizzazione, plasmando l'opinione pubblica secondo le proprie esigenze.

La televisione, mezzo di comunicazione di massa per eccellenza, non fu immune da queste dinamiche. La P2 cercò di influenzare la programmazione televisiva e i telegiornali, consapevole del loro impatto sul grande pubblico. Attraverso alleanze con dirigenti e produttori, poteva incidere sulla scelta dei contenuti, sulla rappresentazione di eventi politici e sociali, e sulla promozione di determinate figure politiche.

Anche il settore editoriale rappresentava un terreno fertile per l'influenza della P2. Controllare case editrici significava poter decidere quali libri pubblicare, quali autori sostenere e quali idee diffondere. La produzione e distribuzione di opere letterarie e saggistiche poteva così essere indirizzata per rafforzare determinate correnti di pensiero o per contrastare posizioni ritenute pericolose per gli interessi della loggia.

La manipolazione dell'informazione non si limitava alla promozione di contenuti favorevoli, ma comprendeva anche azioni mirate a censurare o screditare voci critiche. Giornalisti indipendenti o testate investigative che tentavano di fare luce su scandali o attività illecite potevano essere oggetto di pressioni, minacce o campagne diffamatorie orchestrate per metterne a repentaglio la credibilità. Questo clima di intimidazione aveva l'effetto di scoraggiare l'inchiesta giornalistica e di limitare la libertà di stampa.

Un aspetto particolarmente insidioso era la diffusione di disinformazione e propaganda. La P2 poteva alimentare notizie false o distorte per manipolare l'opinione pubblica, creare confusione o giustificare determinate azioni politiche. In un'epoca precedente all'avvento di Internet e dei social media, i cittadini avevano meno strumenti per verificare le informazioni, rendendoli più vulnerabili a tali manipolazioni.

Le conseguenze di questo controllo sull'informazione erano profonde. La democrazia si basa sulla partecipazione informata dei cittadini e sulla possibilità di accedere a notizie accurate e pluralistiche. Quando l'informazione viene manipolata, si compromette la capacità della società di prendere decisioni consapevoli, di esercitare un controllo sul potere e di promuovere il dibattito pubblico. Inoltre, si mina la fiducia nelle istituzioni mediatiche, alimentando cinismo e disillusione.

La scoperta dell'influenza della P2 sui media italiani sollevò grande preoccupazione e indignazione. Emersero nomi di giornalisti e dirigenti coinvolti, rivelando l'estensione della rete e l'efficacia delle strategie adottate. Questo portò a una riflessione profonda sul ruolo dell'informazione nella società e sulla necessità di proteggere l'indipendenza dei media da interferenze occulte.

La reazione delle istituzioni e della società civile fu articolata. Da un lato, si avviarono inchieste e procedimenti giudiziari per accertare le responsabilità e punire eventuali illeciti. Dall'altro, si cercò di promuovere riforme volte a garantire maggiore trasparenza e pluralismo nel settore mediatico. Si comprese l'importanza di sostenere il giornalismo investigativo e di creare condizioni che favorissero la libertà di stampa.

Il caso della P2 evidenziò anche la necessità per i cittadini di sviluppare un approccio critico verso l'informazione, imparando a riconoscere possibili manipolazioni e a cercare fonti affidabili. L'educazione mediatica divenne un tema di discussione, con l'obiettivo di fornire strumenti per navigare in modo consapevole nel panorama informativo.

Oggi, in un contesto in cui l'informazione circola a velocità e quantità senza precedenti, le lezioni apprese da quel periodo storico rimangono attuali. La manipolazione dell'informazione assume forme nuove e sofisticate, ma i principi fondamentali restano invariati. La difesa della libertà di stampa, la promozione del pluralismo e l'educazione all'uso critico dei media sono sfide che richiedono un impegno costante.

Il controllo dell'informazione esercitato dalla P2 rappresenta uno dei capitoli più inquietanti della sua attività. Non si trattava solo di influenzare decisioni politiche o economiche, ma di modellare la percezione stessa della realtà da parte dei cittadini. Questo potere di plasmare le menti e le opinioni sottolinea la pericolosità di organizzazioni occulte che operano al di fuori di ogni legittimazione democratica.

Nel proseguire la nostra analisi, esploreremo come la P2 abbia utilizzato il sistema finanziario per rafforzare ulteriormente il proprio potere e quali scandali bancari siano emersi in relazione alle sue attività. Questo ci permetterà di completare il quadro di un'organizzazione che ha saputo sfruttare diversi strumenti per perseguire i propri fini, mettendo a rischio i pilastri fondamentali della società italiana.

Finanza Oscura e Scandali Bancari

La dimensione economica rappresentava per la P2 non solo un mezzo per accumulare risorse, ma anche uno strumento fondamentale per esercitare e ampliare il proprio potere. Attraverso il controllo di istituti bancari e l'infiltrazione nel mondo finanziario, la loggia riuscì a influenzare flussi di capitali, finanziare operazioni occulte e stabilire legami con entità internazionali. Questo capitolo esplora come la P2 abbia manipolato il sistema bancario italiano e internazionale, con particolare attenzione al caso emblematico del Banco Ambrosiano.

Il Banco Ambrosiano, una delle principali banche private italiane dell'epoca, divenne il fulcro di una rete complessa di operazioni finanziarie che coinvolgevano la P2, lo IOR (Istituto per le Opere di Religione, spesso chiamato "la banca vaticana") e varie società offshore. Roberto Calvi, presidente del Banco Ambrosiano e affiliato alla P2, giocò un ruolo cruciale in queste vicende. Calvi era conosciuto come il "banchiere di Dio" per i suoi stretti rapporti con il Vaticano, ma dietro questa facciata rispettabile si celavano attività illecite e manipolazioni finanziarie di vasta portata.

La strategia finanziaria della P2 prevedeva la creazione di un sistema parallelo di trasferimenti di denaro, spesso attraverso società di comodo e paradisi fiscali. Questo permetteva di finanziare operazioni politiche, sostenere regimi stranieri amici e arricchire i membri della loggia. Il riciclaggio di denaro sporco, proveniente anche da attività criminali, era facilitato dalla complicità di funzionari bancari e dall'assenza di controlli adeguati.

Uno degli aspetti più inquietanti riguardava le connessioni con il narcotraffico e con organizzazioni criminali. Si ipotizzò che alcuni flussi di denaro gestiti attraverso il Banco Ambrosiano fossero legati al riciclaggio di proventi illeciti, creando un intreccio pericoloso tra finanza, politica e criminalità organizzata. Queste attività non solo alimentavano la corruzione interna, ma contribuivano a destabilizzare economie e governi stranieri.

Il coinvolgimento dello IOR aggiungeva ulteriore complessità alla situazione. Il rapporto tra Calvi e l'arcivescovo Paul Marcinkus, all'epoca presidente dello IOR, sollevò sospetti su possibili complicità del

Vaticano nelle operazioni finanziarie illecite. Sebbene il ruolo preciso dello IOR rimanga oggetto di dibattito, è indubbio che la mancanza di trasparenza e la peculiarità dello status giuridico dell'istituto abbiano facilitato alcune transazioni opache.

La situazione precipitò all'inizio degli anni '80, quando emersero gravi irregolarità nei bilanci del Banco Ambrosiano. La banca si trovò esposta a debiti ingenti, in parte dovuti a prestiti concessi a società fittizie e a investimenti rischiosi. Il crollo del Banco Ambrosiano nel 1982 fu uno dei più grandi scandali finanziari dell'Italia del dopoguerra, con ripercussioni che si sentirono a livello internazionale.

La morte di Roberto Calvi, trovato impiccato sotto il ponte dei Frati Neri a Londra poco dopo il fallimento della banca, aggiunse una dimensione drammatica e misteriosa alla vicenda. Ufficialmente classificata inizialmente come suicidio, la sua morte sollevò immediatamente dubbi e alimentò teorie sul coinvolgimento di organizzazioni criminali, servizi segreti e, naturalmente, della P2. La scena del decesso, le circostanze sospette e le indagini successive portarono molti a credere che Calvi fosse stato eliminato per impedire che rivelasse informazioni compromettenti.

Le conseguenze dello scandalo furono devastanti. Migliaia di risparmiatori persero i loro soldi, la fiducia nel sistema bancario italiano fu gravemente compromessa e l'immagine dell'Italia all'estero ne uscì danneggiata. Inoltre, lo scandalo contribuì a intensificare le indagini sulla P2, portando alla luce ulteriori elementi sulle attività illecite della loggia.

Le connessioni internazionali della P2 nel settore finanziario non si limitavano all'Europa. In America Latina, la loggia aveva stabilito rapporti con governi e istituti bancari, partecipando a operazioni di finanziamento e supporto a regimi autoritari. Queste attività rafforzavano la posizione internazionale della P2 e ampliavano la sua rete di influenze.

La capacità della P2 di manipolare il sistema finanziario evidenziava le vulnerabilità delle istituzioni economiche dell'epoca. La mancanza di regolamentazioni adeguate, la scarsa cooperazione internazionale nella lotta al riciclaggio e la complicità di figure chiave all'interno delle banche crearono un ambiente in cui attività illecite potevano prosperare.

Le reazioni allo scandalo portarono a importanti cambiamenti. A livello legislativo, furono introdotte nuove norme per rafforzare i controlli bancari, prevenire il riciclaggio di denaro e aumentare la trasparenza nelle operazioni finanziarie. Le istituzioni finanziarie furono costrette a rivedere le proprie procedure interne e a collaborare maggiormente con le autorità di vigilanza.

La società civile e i media giocarono un ruolo fondamentale nel denunciare le irregolarità e nel mantenere alta l'attenzione sul caso. Questo contribuì a creare una maggiore consapevolezza sull'importanza della legalità e dell'etica nel mondo finanziario, stimolando un dibattito pubblico sui valori fondamentali che dovrebbero guidare l'economia.

Il caso del Banco Ambrosiano e le attività finanziarie della P2 rappresentano un monito sulle conseguenze devastanti che possono derivare dalla commistione tra finanza oscura, politica e criminalità. Evidenziano l'importanza di sistemi di controllo efficaci, di una cultura della trasparenza e della responsabilità, e della necessità di una cooperazione internazionale nella lotta contro le attività illecite.

Mentre continuiamo il nostro viaggio attraverso le ombre della P2, diventa sempre più chiaro come le diverse dimensioni dell'attività della loggia – politica, informativa, finanziaria – fossero interconnesse e si rafforzassero a vicenda. Nel prossimo capitolo, esploreremo come queste influenze abbiano contribuito a creare un clima di tensione e instabilità, alimentando eventi drammatici che hanno segnato profondamente la storia italiana.

Parte III: Ombre sulla Democrazia

La Strategia della Tensione

Gli anni Settanta in Italia furono un periodo di profonda inquietudine, segnato da una serie di eventi drammatici che misero a dura prova la tenuta democratica del Paese. Questo decennio, noto come "Anni di Piombo", fu caratterizzato da tensioni politiche estreme, conflitti sociali e una violenza diffusa che sembrava minare le fondamenta stesse della Repubblica. Al centro di questo tumulto si colloca il concetto di "Strategia della Tensione", una teoria secondo la quale forze occulte avrebbero orchestrato una serie di atti violenti per creare un clima di paura e instabilità, al fine di giustificare svolte autoritarie o repressioni politiche.

La Strategia della Tensione non fu un evento isolato, ma piuttosto un insieme di azioni e reazioni che coinvolsero diversi attori: gruppi terroristici di estrema destra e sinistra, servizi segreti deviati, organizzazioni criminali e, secondo alcune inchieste, la stessa P2. Comprendere come questi elementi si intrecciarono è essenziale per cogliere l'impatto che ebbero sulla società italiana e il ruolo che la loggia massonica potrebbe aver giocato in questo scenario.

Uno degli episodi più tragici e simbolici fu la strage di Piazza Fontana a Milano, il 12 dicembre 1969, quando un'esplosione presso la Banca Nazionale dell'Agricoltura causò 17 morti e decine di feriti. Questo evento segnò l'inizio di una serie di attentati che seminarono terrore nel Paese. Inizialmente attribuite a gruppi anarchici, queste azioni si rivelarono poi legate a organizzazioni neofasciste, sollevando interrogativi su possibili coperture e depistaggi da parte delle istituzioni.

La Strategia della Tensione mirava a creare un clima di insicurezza tale da spingere l'opinione pubblica a richiedere misure straordinarie, riducendo le libertà civili in nome della sicurezza. Questo avrebbe potuto favorire forze politiche conservatrici o autoritarie, preoccupate dall'avanzata dei partiti di sinistra e dalle agitazioni sociali dell'epoca. In questo contesto, la P2 avrebbe potuto agire come catalizzatore o facilitatore, utilizzando la sua rete di contatti per influenzare eventi e decisioni.

Le connessioni tra la P2 e alcuni settori deviati dei servizi segreti italiani emergono in varie indagini. Si ipotizzò che membri della loggia fossero coinvolti in operazioni volte a manipolare informazioni, coprire responsabilità o orchestrare azioni destabilizzanti. La presenza di affiliati in posizioni chiave all'interno dell'intelligence nazionale permetteva di controllare flussi informativi e di interferire con le indagini sugli attentati.

Un altro episodio emblematico fu la strage di Bologna del 2 agosto 1980, quando una bomba esplose nella stazione ferroviaria, causando 85 morti e oltre 200 feriti. Questo atto terroristico, tra i più gravi nella storia italiana, fu inizialmente circondato da confusione e depistaggi. Le indagini portarono all'arresto di esponenti neofascisti, ma emersero anche indizi su possibili coperture istituzionali e interferenze nelle inchieste.

La P2, con la sua rete di influenze, poteva trarre vantaggio da un clima di instabilità. Promuovere o favorire azioni che alimentassero la paura avrebbe potuto rafforzare la posizione di chi auspicava un controllo più rigido della società e una limitazione delle forze politiche di opposizione. Inoltre, il caos generato dagli attentati offriva opportunità per manipolare il panorama politico ed economico, sfruttando le emergenze per consolidare il proprio potere.

È importante sottolineare che le responsabilità dirette della P2 negli atti terroristici non furono mai pienamente accertate in sede giudiziaria. Tuttavia, le numerose ombre e connessioni emerse nelle indagini alimentano interrogativi legittimi sul ruolo della loggia in quel periodo. La mancanza di trasparenza, i depistaggi e le complicità istituzionali evidenziarono le profonde crepe nel sistema democratico italiano.

La Strategia della Tensione ebbe effetti devastanti sulla società italiana. Oltre alla perdita di vite umane e al dolore delle famiglie colpite, il Paese visse in uno stato di paura costante. Le libertà civili furono messe a dura prova, con l'introduzione di leggi speciali e un aumento della repressione. La fiducia nelle istituzioni diminuì drasticamente, mentre teorie del complotto e sentimenti di sfiducia si diffondevano tra la popolazione.

Il ruolo dei media in questo contesto fu ambivalente. Da un lato, alcune testate cercarono di indagare e portare alla luce le verità nascoste; dall'altro, la manipolazione dell'informazione e i depistaggi contribuirono a creare confusione e a ostacolare la comprensione degli eventi. Come visto nel capitolo precedente, il controllo dell'informazione da parte di organizzazioni come la P2 complicava ulteriormente la situazione.

Le reazioni della società civile furono significative. Movimenti pacifisti, associazioni di familiari delle vittime e organizzazioni per i diritti umani si mobilitarono per chiedere verità e giustizia. Queste iniziative contribuirono a mantenere viva l'attenzione sugli eventi e a esercitare pressione sulle istituzioni affinché si impegnassero nelle indagini.

La Strategia della Tensione rappresenta uno dei capitoli più dolorosi e complessi della storia italiana recente. Mette in luce le fragilità di un sistema democratico esposto a infiltrazioni occulte e a manipolazioni da parte di forze interne ed esterne. Evidenzia anche la resilienza della società civile e la necessità di una vigilanza costante per proteggere i valori fondamentali della democrazia.

Mentre alcune verità sono emerse grazie al lavoro di magistrati, giornalisti e attivisti, molte domande rimangono senza risposta. Il ruolo esatto della P2 e di altri attori nelle vicende degli anni di piombo continua a essere oggetto di dibattito e ricerca. Comprendere questi eventi è essenziale non solo per onorare la memoria delle vittime, ma anche per trarre insegnamenti preziosi per il presente e il futuro.

Nel prossimo capitolo, approfondiremo le connessioni internazionali della P2 e come queste abbiano influenzato non solo la politica italiana, ma anche scenari geopolitici più ampi. Esploreremo le interazioni con servizi segreti stranieri, operazioni all'estero e il contesto della Guerra Fredda, che fornì terreno fertile per intrighi e manovre occulte.

Intrighi Internazionali

La storia della P2 non può essere compresa appieno senza considerare le sue connessioni oltre i confini italiani. L'intricata rete di rapporti internazionali tessuta da Licio Gelli e dai suoi collaboratori ampliò l'influenza della loggia, inserendola in un contesto geopolitico segnato dalla Guerra Fredda, dalle tensioni ideologiche e da interessi economici globali. Questo capitolo esplora come la P2 abbia interagito con attori stranieri, partecipando a operazioni che ebbero ripercussioni ben oltre l'Italia.

Uno dei territori chiave per le attività internazionali della P2 fu l'America Latina. Licio Gelli aveva stabilito legami significativi con vari paesi della regione, in particolare con l'Argentina. Durante gli anni '70, l'Argentina era governata da una giunta militare che aveva preso il potere con un colpo di stato, instaurando un regime autoritario e repressivo. Gelli, grazie alle sue relazioni personali e al suo ruolo nella P2, riuscì a entrare in contatto con esponenti di alto livello del governo argentino.

Queste connessioni non erano puramente diplomatiche o commerciali. Si ipotizzò che la P2 potesse aver facilitato scambi di informazioni, supporto logistico e finanziamenti tra l'Italia e l'Argentina, contribuendo a sostenere il regime militare. Inoltre, alcuni rapporti suggerirono che Gelli fosse coinvolto in operazioni di compravendita di armi e tecnologie militari, approfittando della posizione strategica della P2 e delle sue ramificazioni nel settore industriale italiano.

Le relazioni della P2 con l'America Latina si estendevano anche ad altri paesi. In Uruguay, Paraguay e Brasile, la loggia avrebbe stabilito contatti con governi e gruppi influenti, inserendosi in un contesto regionale caratterizzato da dittature militari e repressione delle opposizioni. Questi rapporti avrebbero permesso alla P2 di ampliare la propria rete internazionale, offrendo servizi e risorse in cambio di opportunità economiche e politiche.

La dimensione internazionale delle attività della P2 si inseriva nel più ampio contesto della Guerra Fredda. L'Italia, per la sua posizione geografica e politica, era un paese cruciale nello scacchiere tra Stati Uniti e Unione Sovietica. La presenza di un forte Partito Comunista Italiano destava preoccupazioni a Washington, che temeva un'espansione dell'influenza sovietica in Europa occidentale. In questo scenario, organizzazioni come la P2 potevano essere viste come strumenti utili per contrastare l'avanzata del comunismo e mantenere l'Italia nell'orbita occidentale.

Secondo alcune fonti, la P2 avrebbe collaborato con servizi segreti stranieri, in particolare con la CIA statunitense. Questa collaborazione avrebbe riguardato lo scambio di informazioni, il coordinamento di operazioni anticomuniste e il supporto a governi alleati. Tuttavia, le prove concrete di tali rapporti rimangono oggetto di dibattito tra storici e ricercatori, e molte delle informazioni disponibili sono frammentarie o basate su testimonianze indirette.

Un altro aspetto rilevante fu il coinvolgimento della P2 in reti internazionali di finanziamento occulto. Attraverso banche estere, società offshore e paradisi fiscali, la loggia poteva gestire flussi di denaro al di fuori dei controlli nazionali. Queste operazioni finanziarie permettevano di sostenere attività politiche, acquisire asset strategici all'estero e rafforzare la posizione internazionale dell'organizzazione.

Le connessioni con l'estero non erano esenti da rischi e controversie. La complessità delle operazioni e la presenza di interessi contrastanti potevano generare conflitti e tensioni. Inoltre, l'esposizione internazionale aumentava la possibilità di attirare l'attenzione di agenzie investigative straniere, mettendo in pericolo la segretezza delle attività della P2.

Un episodio emblematico fu il presunto coinvolgimento della P2 nell'affare del "Piano Condor", un'operazione coordinata tra le dittature sudamericane negli anni '70 e '80 per eliminare oppositori politici attraverso sequestri, torture e assassinii. Sebbene non vi siano prove definitive di un ruolo diretto della P2 in questa operazione, le connessioni di Gelli con i regimi sudamericani alimentano speculazioni su possibili complicità o supporto indiretto.

La dimensione internazionale delle attività della P2 evidenzia come l'organizzazione fosse inserita in un sistema di relazioni globali complesse, in cui interessi politici, economici e strategici si intrecciavano. Questo ampliava l'impatto delle azioni della loggia, rendendo le sue attività rilevanti non solo per l'Italia, ma anche per l'equilibrio geopolitico di intere regioni.

Le indagini sulle attività internazionali della P2 furono rese difficili dalla natura segreta delle operazioni e dalla mancanza di cooperazione da parte di alcuni governi stranieri. Nonostante ciò, alcune inchieste giornalistiche e giudiziarie riuscirono a portare alla luce elementi significativi, contribuendo a delineare un quadro più completo delle dimensioni dell'organizzazione.

La scoperta delle connessioni internazionali della P2 sollevò preoccupazioni sulla sovranità nazionale e sulla capacità delle istituzioni italiane di controllare e prevenire interferenze esterne. Evidenziò anche la necessità di una maggiore cooperazione internazionale nella lotta contro le organizzazioni occulte e le attività illecite transnazionali.

Le lezioni apprese da queste vicende sottolineano l'importanza di sistemi di intelligence trasparenti e responsabili, di controlli efficaci sui flussi finanziari internazionali e di una diplomazia attenta alle implicazioni etiche delle relazioni internazionali. Solo attraverso un impegno coordinato e una vigilanza costante è possibile prevenire che organizzazioni come la P2 possano operare indisturbate su scala globale.

Mentre ci avviciniamo alla conclusione della nostra analisi sulla P2, nel prossimo capitolo esploreremo i misteri irrisolti e le teorie del complotto che ancora circondano l'organizzazione. Nonostante le numerose inchieste e rivelazioni, molti aspetti della storia della P2 rimangono avvolti nell'ombra, alimentando interrogativi e riflessioni sul significato profondo di questa complessa vicenda storica.

Misteri Irrisolti e Teorie del Complotto

Nonostante le numerose inchieste e rivelazioni, la storia della P2 rimane avvolta in un'aura di mistero. Molti aspetti delle sue attività, delle connessioni e delle conseguenze restano tuttora poco chiari, alimentando teorie del complotto e speculazioni che affascinano e inquietano allo stesso tempo. In questo capitolo, esploreremo alcuni dei misteri irrisolti legati alla P2, cercando di distinguere tra fatti accertati, ipotesi plausibili e mere congetture.

Uno dei casi più emblematici è la morte di Roberto Calvi, presidente del Banco Ambrosiano e affiliato alla P2. Il 18 giugno 1982, il corpo di Calvi fu trovato impiccato sotto il ponte dei Frati Neri a Londra. Le circostanze della sua morte sollevarono immediatamente dubbi: Calvi aveva con sé mattoni nelle tasche e una quantità significativa di denaro contante in diverse valute. Inizialmente classificata come suicidio, la morte di Calvi fu successivamente riconsiderata come omicidio dalle autorità britanniche.

Le domande su chi potesse avere interesse a eliminare Calvi sono numerose. Alcune teorie suggeriscono il coinvolgimento della criminalità organizzata, in particolare della mafia siciliana, a causa di possibili legami finanziari. Altre ipotesi puntano verso gruppi terroristici, organizzazioni internazionali o persino elementi interni alla P2 che avrebbero voluto impedire a Calvi di rivelare informazioni compromettenti.

Un altro mistero riguarda la morte di Michele Sindona, banchiere italiano con stretti legami con ambienti finanziari internazionali e anch'egli associato alla P2. Sindona fu coinvolto in scandali finanziari e processi per bancarotta fraudolenta. Nel 1986, mentre si trovava in prigione in Italia, morì avvelenato dopo aver bevuto un caffè al cianuro. Le circostanze della sua morte suscitarono sospetti su un possibile omicidio per impedirgli di fare rivelazioni su connessioni tra criminalità organizzata, finanza e politica.

La scomparsa del giornalista Mino Pecorelli rappresenta un ulteriore enigma. Pecorelli, direttore della rivista "OP – Osservatore Politico", fu assassinato a Roma nel 1979. Il suo lavoro investigativo lo aveva portato a indagare su scandali politici e sulla stessa P2. Alcuni ritengono che il suo omicidio sia stato motivato dal desiderio di silenziare le sue inchieste, anche se le indagini non hanno mai portato a una condanna definitiva dei responsabili.

Le attività della P2 hanno generato numerose teorie del complotto, alcune delle quali vanno oltre i confini dell'Italia. Si è speculato su possibili coinvolgimenti in eventi internazionali, come l'attentato al papa Giovanni Paolo II nel 1981 o l'affare Iran-Contra negli Stati Uniti. Sebbene molte di queste teorie manchino di prove concrete, riflettono la percezione diffusa di un'organizzazione capace di influenzare eventi globali.

La segretezza intrinseca alla P2 e la complessità delle sue reti di contatti hanno reso difficile per gli investigatori ricostruire pienamente il quadro delle sue attività. Documenti scomparsi, testimonianze contraddittorie e depistaggi hanno ostacolato la ricerca della verità. Questo ha alimentato un clima di sospetto e ha permesso a varie teorie di prosperare.

È importante, tuttavia, affrontare questi misteri con un approccio critico e basato sui fatti. Le teorie del complotto possono offrire spiegazioni affascinanti, ma rischiano di distorcere la realtà e di attribuire intenzioni o responsabilità senza fondamento. Distinguere tra ciò che è comprovato e ciò che è speculativo è essenziale per comprendere realmente l'impatto della P2 e per onorare la memoria di coloro che sono stati coinvolti o colpiti dalle sue azioni.

Alcune inchieste giornalistiche e giudiziarie hanno cercato di fare luce su questi enigmi. Il lavoro di magistrati come Ferdinando Imposimato e di giornalisti investigativi ha contribuito a svelare parti della verità, anche se spesso a costo di rischi personali. La complessità delle trame e la potenza degli interessi in gioco hanno reso il loro compito arduo e talvolta frustrante.

La mancanza di chiarezza su molti aspetti della P2 evidenzia anche le limitazioni delle istituzioni nel fronteggiare organizzazioni segrete e potenti. La necessità di proteggere fonti, la lentezza dei processi giudiziari e le interferenze politiche possono ostacolare la giustizia e la trasparenza. Questo sottolinea l'importanza di rafforzare i meccanismi democratici e di promuovere una cultura della legalità e della responsabilità.

La linea sottile tra realtà e speculazione è un terreno insidioso. Mentre è legittimo porsi domande e cercare risposte, è fondamentale basarsi su prove solide e su analisi rigorose. Alimentare teorie infondate può distogliere l'attenzione dai problemi reali e dalle soluzioni necessarie.

In conclusione, i misteri irrisolti e le teorie del complotto legate alla P2 rappresentano una sfida continua per storici, giornalisti e cittadini. Essi riflettono non solo le azioni di un'organizzazione segreta, ma anche le paure, le speranze e le tensioni di un'epoca complessa. Affrontare questi temi con onestà intellettuale e impegno civico è essenziale per comprendere il passato e costruire un futuro più trasparente e giusto.

Nel prossimo capitolo, esamineremo come la scoperta della P2 abbia sconvolto l'Italia, analizzando le reazioni immediate, le indagini che ne seguirono e l'impatto sulla società e sulle istituzioni. Questo ci permetterà di comprendere meglio le conseguenze tangibili delle attività della loggia e le lezioni che possono essere apprese da questa vicenda storica.

Parte IV: La Caduta dell'Impero Segreto

La Scoperta che Sconvolse l'Italia

La primavera del 1981 segnò un punto di svolta nella storia italiana. Un evento inatteso portò alla luce una realtà che fino ad allora era rimasta nascosta nell'ombra, scatenando uno shock profondo nel tessuto politico e sociale del Paese. La scoperta della Loggia P2 e della sua estesa rete di affiliati scosse le fondamenta delle istituzioni democratiche, rivelando l'esistenza di un potere parallelo che operava al di fuori di ogni controllo ufficiale.

Tutto ebbe inizio con un'indagine giudiziaria condotta dalla Procura di Milano su presunte attività illecite legate al fallimento di una banca privata, il Banco Ambrosiano. Nel corso delle perquisizioni, gli investigatori si imbatterono in documenti che facevano riferimento alla P2. Ma fu il 17 marzo 1981 che avvenne la svolta decisiva: durante una perquisizione nella villa di Licio Gelli a Castiglion Fibocchi, in provincia di Arezzo, fu rinvenuta una lista di iscritti alla Loggia P2, contenente oltre novecento nomi.

La lista includeva personaggi di primo piano: politici, alti ufficiali delle forze armate, magistrati, imprenditori, giornalisti e funzionari pubblici. Tra questi, figure influenti nel governo, nel Parlamento, nei servizi segreti e nelle principali aziende statali. La scoperta rivelò l'esistenza di una rete estesa e ramificata, in grado di influenzare decisioni cruciali e di operare in modo coordinato per perseguire obiettivi specifici.

La reazione fu immediata e potente. I media diedero ampio risalto alla notizia, generando sconcerto e indignazione nell'opinione pubblica. Il Paese si trovò di fronte alla realtà di un'organizzazione segreta che aveva infiltrato le istituzioni ai massimi livelli. La fiducia nei confronti del sistema politico subì un duro colpo, e si moltiplicarono le richieste di chiarimenti e interventi da parte delle autorità competenti.

Il governo dell'epoca, guidato dal Presidente del Consiglio Arnaldo Forlani, fu travolto dalla crisi. Diversi ministri e sottosegretari risultarono iscritti alla P2, mettendo in discussione la legittimità dell'esecutivo. Di fronte alla pressione crescente, Forlani si dimise il 26 maggio 1981, aprendo una fase di instabilità politica che avrebbe avuto ripercussioni significative nei mesi e negli anni successivi.

Il Parlamento reagì istituendo una Commissione d'inchiesta parlamentare sulla P2, presieduta dalla deputata Tina Anselmi. La Commissione aveva il compito di indagare sulla natura, le finalità e le attività della loggia, nonché sulle responsabilità individuali dei suoi membri. Il lavoro della Commissione fu intenso e complesso, ostacolato da resistenze interne, mancanza di collaborazione da parte di alcuni organi dello Stato e difficoltà nel reperire documentazione completa.

La pubblicazione ufficiale della lista degli iscritti ebbe effetti dirompenti. Molti dei nominativi presenti negarono inizialmente la propria appartenenza alla P2, sostenendo di essere stati iscritti a loro insaputa o di aver partecipato solo marginalmente. Tuttavia, le indagini evidenziarono come la loggia avesse operato in modo strutturato e con obiettivi chiari, mettendo in discussione tali difese.

Licio Gelli, principale artefice della P2, riuscì a fuggire all'estero, sottraendosi per un periodo alla giustizia italiana. La sua latitanza alimentò ulteriormente le preoccupazioni sulla capacità dello Stato di affrontare la situazione e di riportare la legalità. Gelli sarebbe stato arrestato successivamente in Svizzera nel 1982, ma le vicende giudiziarie legate alla sua persona sarebbero state lunghe e intricate.

La scoperta della P2 mise in luce anche le connessioni internazionali dell'organizzazione. Emerse che la loggia aveva instaurato rapporti con servizi segreti stranieri, governi esteri e organizzazioni internazionali, ampliando la portata dello scandalo. Questo richiese una collaborazione tra diverse autorità nazionali e sollevò interrogativi sul ruolo di altri paesi nelle attività della P2.

L'impatto sulla società italiana fu profondo. La percezione di vivere in un Paese in cui le istituzioni potevano essere manipolate da poteri occulti generò un senso diffuso di sfiducia e disillusione. Movimenti civici, associazioni e semplici cittadini iniziarono a mobilitarsi, chiedendo maggiore trasparenza, legalità e riforme che potessero prevenire il ripetersi di simili situazioni.

Il mondo politico dovette affrontare una crisi di legittimità. Partiti e leader furono chiamati a prendere posizione, a chiarire eventuali coinvolgimenti e a proporre soluzioni concrete. La vicenda della P2 contribuì a mettere in discussione i tradizionali equilibri politici, aprendo la strada a cambiamenti significativi negli anni successivi.

Anche le istituzioni militari e di sicurezza furono scosse dalla scoperta.

La presenza di alti ufficiali iscritti alla P2 sollevò dubbi sulla fedeltà delle forze armate allo Stato democratico e sulla sicurezza nazionale. Furono avviate inchieste interne e adottate misure per ristabilire la fiducia e la trasparenza all'interno di questi apparati.

La stampa giocò un ruolo fondamentale nel diffondere informazioni e nel mantenere alta l'attenzione sul caso. Giornalisti e testate si impegnarono in inchieste approfondite, contribuendo a svelare ulteriori dettagli e a stimolare il dibattito pubblico. Tuttavia, il coinvolgimento di alcuni esponenti dei media nella P2 evidenziò anche le sfide legate all'indipendenza e all'etica professionale nel settore dell'informazione.

La scoperta della P2 rappresentò un momento di svolta nella storia italiana. Non solo rivelò l'esistenza di un potere parallelo, ma mise in evidenza le fragilità delle istituzioni democratiche e la necessità di riforme profonde. Aprì un periodo di riflessione collettiva sui valori fondamentali della Repubblica, sull'importanza della trasparenza e sul ruolo attivo dei cittadini nella vita pubblica.

Mentre il Paese cercava di elaborare quanto emerso, le indagini e i processi legati alla P2 proseguirono, portando alla luce ulteriori aspetti e responsabilità. Nel prossimo capitolo, analizzeremo più dettagliatamente le inchieste giudiziarie, le sfide affrontate dagli investigatori e i risultati ottenuti. Questo ci permetterà di comprendere meglio le dinamiche interne della loggia e l'efficacia delle risposte istituzionali messe in atto per contrastarla.

Indagini, Processi e Verità Nascoste

La scoperta della Loggia P2 nel 1981 rappresentò solo l'inizio di un lungo e complesso percorso giudiziario e investigativo. Le autorità italiane si trovarono di fronte alla sfida di smantellare un'organizzazione che aveva infiltrato le istituzioni ai massimi livelli, di accertare le responsabilità individuali e collettive e di ristabilire la fiducia dei cittadini nello Stato di diritto.

Le indagini iniziarono immediatamente, ma furono ostacolate da vari fattori. La vastità della rete della P2 implicava la necessità di esaminare una mole enorme di documenti, testimonianze e prove materiali. Inoltre, la presenza di affiliati all'interno delle stesse istituzioni incaricate delle indagini complicava ulteriormente la situazione, generando sospetti di depistaggi e interferenze.

La Commissione parlamentare d'inchiesta, presieduta da Tina Anselmi, svolse un ruolo cruciale nel cercare di fare luce sulle attività della loggia. La Commissione si dedicò a raccogliere testimonianze, analizzare documenti e formulare rapporti dettagliati sul funzionamento della P2. Tuttavia, il lavoro fu reso difficile dalla mancanza di collaborazione da parte di alcuni organi dello Stato e dalla sparizione o distruzione di prove chiave.

Sul fronte giudiziario, furono avviati numerosi processi contro Licio Gelli e altri membri della P2. Le accuse spaziavano dall'associazione a delinquere alla corruzione, dal depistaggio nelle indagini sugli attentati terroristici al riciclaggio di denaro. Gelli, dopo essere stato arrestato in Svizzera, riuscì a evadere e rimase latitante per diversi anni, alimentando ulteriormente le preoccupazioni sull'efficacia delle istituzioni nel perseguire i responsabili.

Uno dei processi più significativi fu quello relativo al cosiddetto "Piano di Rinascita Democratica", un documento attribuito a Gelli che delineava una strategia per riformare profondamente il sistema politico italiano, rafforzando il potere esecutivo e limitando le libertà parlamentari. Il piano prevedeva anche il controllo dei media e l'infiltrazione nei sindacati e nelle organizzazioni culturali. Sebbene Gelli abbia negato la paternità del documento, esso fu considerato una prova delle ambizioni della P2 di ridefinire l'assetto istituzionale del Paese.

Le indagini rivelarono anche legami tra la P2 e alcuni degli eventi più oscuri della storia italiana recente, come gli attentati terroristici e gli scandali finanziari. Tuttavia, stabilire con certezza le responsabilità dirette si rivelò estremamente difficile. Molti testimoni chiave furono intimiditi o si rifiutarono di collaborare, e in alcuni casi si verificò la scomparsa misteriosa di persone coinvolte nelle inchieste.

La lentezza dei procedimenti giudiziari e le assoluzioni o prescrizioni che seguirono in diversi processi alimentarono il senso di frustrazione e sfiducia nell'opinione pubblica. Molti cittadini percepivano che la verità completa non sarebbe mai emersa e che i potenti avrebbero continuato a sfuggire alla giustizia. Questa situazione contribuì a rafforzare il sentimento di alienazione nei confronti delle istituzioni e a stimolare movimenti di protesta e richiesta di riforme.

Nonostante le difficoltà, alcune condanne furono effettivamente ottenute. Licio Gelli fu condannato per vari reati, tra cui il depistaggio nelle indagini sulla strage di Bologna e il bancarotta fraudolenta nel caso del Banco Ambrosiano. Tuttavia, le pene inflitte furono spesso considerate insufficienti rispetto alla gravità dei crimini e all'impatto sulla società.

Le inchieste misero in luce anche le carenze del sistema giudiziario italiano, evidenziando la necessità di riforme che potessero garantire maggiore efficienza, indipendenza e trasparenza. La separazione dei poteri, la protezione dei magistrati da pressioni esterne e l'accesso a risorse adeguate furono temi al centro del dibattito pubblico.

Parallelamente ai procedimenti giudiziari, si sviluppò un intenso lavoro di ricerca e analisi da parte di giornalisti, storici e studiosi. Libri, documentari e inchieste approfondirono vari aspetti della vicenda P2, contribuendo a mantenere viva l'attenzione sull'argomento e a stimolare una riflessione più ampia sulle dinamiche del potere in Italia.

Un elemento ricorrente emerso dalle indagini fu l'esistenza di una "zona grigia" in cui si intrecciavano interessi politici, economici e criminali. Questa commistione rendeva difficile tracciare confini netti tra lecito e illecito, alimentando un clima di ambiguità che favoriva l'operato di organizzazioni come la P2.

Le indagini portarono anche alla luce il ruolo di altre organizzazioni segrete e devianti, suggerendo che la P2 potesse essere solo una parte di un fenomeno più ampio. Questo ampliò la portata delle inchieste e sollevò ulteriori interrogativi sulla capacità dello Stato di fronteggiare tali minacce.

Nonostante le ombre e le verità nascoste, il lavoro svolto da magistrati coraggiosi e da membri delle istituzioni impegnati contribuì a indebolire la rete della P2 e a prevenire potenziali sviluppi ancora più pericolosi. L'esperienza accumulata durante queste inchieste fornì strumenti preziosi per affrontare future sfide legate alla corruzione e alle infiltrazioni occulte.

In definitiva, le indagini e i processi legati alla P2 rappresentano una tappa fondamentale nella storia della giustizia italiana. Essi evidenziano le difficoltà e le resistenze incontrate nel perseguire la verità, ma anche la determinazione di coloro che si impegnarono per affermare i principi dello Stato di diritto. Le lezioni apprese da questa esperienza continuano a essere rilevanti per la società odierna, sottolineando l'importanza della vigilanza civica e della responsabilità istituzionale.

Nel prossimo capitolo, esamineremo l'impatto che la vicenda della P2 ha avuto sulla società italiana, analizzando come abbia influenzato la cultura politica, le istituzioni e la percezione dei cittadini nei confronti dello Stato. Questo ci permetterà di comprendere le conseguenze a lungo termine di questa complessa vicenda e di riflettere sulle sfide ancora aperte.

L'Effetto sulla Società Italiana

La vicenda della Loggia P2 non fu solo un evento politico e giudiziario di grande portata, ma rappresentò anche uno spartiacque nella storia sociale e culturale dell'Italia. L'emersione di un potere occulto così pervasivo scosse profondamente la coscienza collettiva, generando riflessioni, reazioni e cambiamenti che si sarebbero riverberati negli anni successivi.

La prima e più immediata conseguenza fu una crisi di fiducia nelle istituzioni. La scoperta che alti funzionari dello Stato, politici di rilievo, militari e membri dell'apparato giudiziario fossero coinvolti in un'organizzazione segreta suscitò sconcerto e indignazione tra i cittadini. La percezione diffusa era quella di un tradimento dei principi democratici fondamentali su cui si basava la Repubblica.

Questa sfiducia non rimase confinata ai palazzi del potere, ma si estese a tutti i livelli della società. Molti italiani iniziarono a mettere in discussione l'integrità delle istituzioni, temendo che corruzione e collusione fossero più diffuse di quanto si pensasse. Questo clima di sospetto favorì la crescita di movimenti civici e associazioni impegnate nella promozione della trasparenza, dell'etica pubblica e della partecipazione democratica.

Il mondo dell'informazione fu anch'esso profondamente influenzato. Se da un lato la stampa svolse un ruolo cruciale nel portare alla luce molti aspetti della vicenda P2, dall'altro dovette affrontare una riflessione interna sulla propria indipendenza e responsabilità. L'emersione di giornalisti e dirigenti mediatici affiliati alla loggia mise in evidenza le fragilità del settore e la necessità di salvaguardare l'autonomia professionale.

La cultura politica italiana subì una trasformazione. La tradizionale divisione tra destra e sinistra si arricchì di nuove sfumature, con l'affermazione di forze politiche emergenti che si presentavano come alternative al sistema consolidato. Partiti e movimenti che facevano della lotta alla corruzione e della moralizzazione della vita pubblica il loro cavallo di battaglia guadagnarono terreno, intercettando il malcontento e la richiesta di cambiamento proveniente dalla società civile.

L'educazione civica divenne un tema centrale nel dibattito pubblico. Scuole, università e istituzioni culturali promossero iniziative volte a rafforzare la consapevolezza dei cittadini sui valori democratici, sui diritti e sui doveri individuali. Si riconobbe l'importanza di formare nuove generazioni capaci di partecipare attivamente alla vita politica e di vigilare sul rispetto delle regole e dei principi costituzionali.

La vicenda della P2 ebbe ripercussioni anche sul piano economico. La percezione di un sistema influenzato da interessi occulti e pratiche illegali disincentivò investimenti e fiducia nei mercati. Le aziende legate in qualche modo alla loggia furono oggetto di scrutinio, e si avvertì la necessità di rafforzare i controlli e le normative in materia di trasparenza finanziaria e governance aziendale.

Sul fronte artistico e culturale, la P2 divenne oggetto di opere letterarie, cinematografiche e teatrali. Autori e registi affrontarono il tema nelle loro creazioni, contribuendo a mantenere viva l'attenzione sull'argomento e offrendo spunti di riflessione sulle dinamiche del potere e sulle fragilità umane. Queste opere contribuirono a diffondere una maggiore consapevolezza e a stimolare il dibattito pubblico.

La società italiana fu costretta a confrontarsi con il concetto di responsabilità collettiva. Se da un lato era evidente che singoli individui avevano abusato delle proprie posizioni, dall'altro si iniziò a riflettere su come una cultura diffusa di omertà, indifferenza o convenienza avesse potuto favorire tali dinamiche. Questa presa di coscienza portò molti cittadini a interrogarsi sul proprio ruolo nella costruzione di una società più giusta e trasparente.

Le istituzioni risposero avviando processi di riforma. Furono introdotte leggi volte a regolamentare le associazioni segrete, a rafforzare i controlli sull'operato dei funzionari pubblici e a promuovere la trasparenza amministrativa. La legge Anselmi del 1982, ad esempio, vietò le associazioni segrete e stabilì sanzioni per chi vi partecipava. Queste misure rappresentarono passi importanti verso la ricostruzione della fiducia tra Stato e cittadini.

Il mondo accademico e intellettuale contribuì con analisi approfondite sulla natura del potere, sulle dinamiche della corruzione e sulle strategie per prevenire il ripetersi di simili eventi. Seminari, conferenze e pubblicazioni offrirono strumenti per comprendere le radici profonde dei problemi emersi e per elaborare soluzioni efficaci.

Nonostante gli sforzi compiuti, alcuni effetti negativi persistettero nel tempo. La disillusione verso la politica alimentò fenomeni di astensionismo elettorale e un certo cinismo nei confronti delle istituzioni. La sensazione che interessi particolari potessero prevalere sull'interesse generale rimase presente in parte dell'opinione pubblica.

Tuttavia, la reazione collettiva alla vicenda della P2 dimostrò anche la resilienza della democrazia italiana. La capacità di affrontare apertamente le proprie ombre, di avviare processi di autocritica e di intraprendere riforme significative testimonia la vitalità di una società che, pur tra difficoltà e contraddizioni, cerca di progredire e migliorarsi.

La vicenda contribuì inoltre a rafforzare il ruolo della società civile come attore fondamentale nella vita pubblica. Associazioni, movimenti e cittadini attivi divennero protagonisti nel promuovere cambiamenti e nel vigilare sull'operato delle istituzioni. Questo attivismo rappresenta una risorsa preziosa per la democrazia e un antidoto contro possibili derive autoritarie o corrotte.

In conclusione, l'effetto della P2 sulla società italiana fu complesso e multiforme. Generò crisi e sfide, ma anche opportunità di crescita e maturazione collettiva. Le lezioni apprese da questa esperienza continuano a essere rilevanti, ricordando l'importanza della trasparenza, della partecipazione e della responsabilità condivisa nella costruzione di una società equa e democratica.

Nel prossimo capitolo, esploreremo come l'eredità della P2 abbia influenzato la politica moderna italiana, analizzando le tracce lasciate e le dinamiche che, direttamente o indirettamente, possono essere ricondotte a quella oscura pagina della nostra storia recente.

Parte V: L'Eredità Occulta

La P2 e la Politica Moderna

L'ombra lunga della P2 si estende ben oltre gli anni in cui l'organizzazione operò attivamente. Anche dopo lo smantellamento ufficiale e le inchieste giudiziarie, l'influenza esercitata dalla loggia ha continuato a manifestarsi in modi sottili ma significativi nella politica italiana contemporanea. Questo capitolo esplora le tracce lasciate dalla P2 nella vita politica moderna, analizzando come alcune dinamiche e pratiche abbiano trovato continuità o abbiano influenzato le generazioni successive di leader e istituzioni.

La fine della P2 non ha significato la scomparsa delle logiche di potere occulto che essa incarnava. Al contrario, alcuni dei suoi ex membri o simpatizzanti hanno continuato a operare nella sfera pubblica, adattandosi ai nuovi contesti e ricoprendo ruoli di rilievo. Questo ha sollevato interrogativi sulla capacità del sistema politico di rinnovarsi realmente e di prevenire il ripetersi di fenomeni simili.

Negli anni '90, l'Italia attraversò una fase di profonde trasformazioni con l'emergere di nuove forze politiche e il declino dei partiti tradizionali, in parte a causa degli scandali legati a "Mani Pulite" e alla corruzione diffusa. In questo contesto, alcuni osservatori hanno notato analogie tra le strategie adottate da nuove figure politiche e quelle precedentemente attribuite alla P2, in particolare per quanto riguarda il controllo dei media, l'accentramento del potere e l'uso di reti personali per influenzare decisioni istituzionali.

L'ascesa di leader carismatici, capaci di catalizzare il consenso e di presentarsi come alternative al sistema, ha spesso sollevato dibattiti sul rischio di derive personalistiche e sulla necessità di salvaguardare i principi democratici. La concentrazione di potere in poche mani e la tendenza a bypassare i tradizionali meccanismi di controllo parlamentare hanno fatto temere una possibile riproposizione di modelli autoritari, seppur in forme diverse rispetto al passato.

Il rapporto tra politica e media ha continuato a essere un tema centrale. L'esperienza della P2 aveva già messo in luce quanto il controllo dell'informazione potesse influenzare l'opinione pubblica e orientare le scelte elettorali. Nella politica moderna, l'uso strategico dei mass media, unito all'avvento dei nuovi mezzi di comunicazione come internet e i social media, ha amplificato questa dinamica. La capacità di gestire l'immagine pubblica e di veicolare messaggi mirati è diventata una componente essenziale delle campagne politiche.

La questione della trasparenza e della legalità è rimasta al centro del dibattito pubblico. Nonostante gli sforzi compiuti per rafforzare le normative anticorruzione e promuovere l'integrità nella pubblica amministrazione, episodi di malversazione e abuso di potere hanno continuato a emergere. Questo ha alimentato il sentimento di sfiducia nei confronti della classe dirigente e ha spinto molti cittadini a cercare alternative fuori dai tradizionali partiti politici.

La massoneria, pur non essendo di per sé un'organizzazione illegale o antidemocratica, ha continuato a suscitare sospetti e controversie. La distinzione tra le logge ufficiali, che operano nel rispetto della legge e dei principi costituzionali, e gruppi deviati o segreti non sempre è chiara nell'opinione pubblica. Questo ha portato a un dibattito sulla necessità di maggiore trasparenza nelle associazioni e sulla regolamentazione delle attività che potrebbero influenzare la vita politica ed economica del Paese.

Alcuni studiosi hanno evidenziato come le pratiche di clientelismo e favoritismo, tipiche delle reti occulte di potere, siano ancora presenti in alcune aree della politica italiana. La nomina di persone fidate in posizioni chiave, l'uso delle risorse pubbliche per consolidare il consenso e la scarsa meritocrazia sono fenomeni che minano la fiducia nelle istituzioni e ostacolano lo sviluppo di una democrazia matura.

D'altro canto, la società italiana ha mostrato segni di reazione e di progresso. L'aumento della partecipazione civica, la crescita di movimenti per la legalità e l'affermazione di nuove generazioni di politici più sensibili ai temi dell'etica pubblica rappresentano segnali positivi. L'esperienza della P2 ha funzionato da monito, spingendo molti a impegnarsi attivamente per evitare il ripetersi di simili derive.

Il ruolo dell'Unione Europea e delle istituzioni internazionali ha contribuito a promuovere standard più elevati di trasparenza e responsabilità. L'adesione a trattati e convenzioni internazionali ha richiesto all'Italia di adeguare le proprie leggi e di adottare misure più efficaci nella lotta contro la corruzione e il crimine organizzato.

La memoria storica della P2 continua a essere un elemento importante nella cultura politica italiana. Libri, documentari e dibattiti pubblici mantengono viva la consapevolezza dei rischi associati ai poteri occulti. Questa memoria collettiva serve da barriera contro possibili tentativi di manipolazione e contribuisce a formare cittadini più informati e attenti.

In conclusione, sebbene la P2 appartenga al passato, le questioni che ha sollevato rimangono attuali. La politica moderna italiana continua a confrontarsi con le sfide della trasparenza, dell'etica e della partecipazione democratica. L'eredità della P2, con le sue ombre e i suoi insegnamenti, rappresenta un punto di riferimento per comprendere le dinamiche attuali e per promuovere una cultura politica più sana e responsabile.

Nel prossimo capitolo, rifletteremo sulle lezioni che possono essere apprese dal passato e su come queste possano guidare le scelte future. Analizzeremo l'importanza della vigilanza democratica, il ruolo dell'educazione civica e le strategie per prevenire nuove derive occulte nel tessuto sociale e istituzionale.

Lezioni dal Passato per il Futuro

La vicenda della Loggia P2 rappresenta un capitolo complesso e doloroso della storia italiana, ma offre anche un'opportunità preziosa per riflettere sulle dinamiche del potere, sulla fragilità delle istituzioni democratiche e sulla responsabilità collettiva nella salvaguardia dei valori fondamentali della società. Questo capitolo si propone di analizzare le lezioni che possono essere tratte da quell'esperienza, al fine di prevenire il ripetersi di simili fenomeni e di promuovere una cultura politica e civile più sana e consapevole.

Una delle prime lezioni riguarda l'importanza della vigilanza democratica. La democrazia non è un sistema statico, ma richiede un impegno costante da parte dei cittadini, delle istituzioni e della società civile. La presenza di poteri occulti come la P2 è stata possibile anche grazie a un certo grado di indifferenza o rassegnazione diffusa, che ha permesso a pratiche illegali e antidemocratiche di prosperare nell'ombra. È fondamentale che i cittadini si sentano coinvolti e responsabili, partecipando attivamente alla vita pubblica e monitorando l'operato dei propri rappresentanti.

Un altro insegnamento riguarda la trasparenza nelle istituzioni. La segretezza e l'opacità sono terreno fertile per abusi di potere e corruzione. Le istituzioni devono adottare meccanismi che garantiscano l'accesso alle informazioni, la rendicontazione delle attività e la possibilità di controllo da parte degli organi preposti e della società civile. Questo implica anche la protezione dei whistleblower, ossia di coloro che denunciano illeciti all'interno delle organizzazioni, assicurando che non subiscano ritorsioni.

La separazione dei poteri e l'indipendenza degli organi di controllo sono pilastri essenziali di una democrazia funzionante. La vicenda della P2 ha mostrato come l'infiltrazione in diversi ambiti dello Stato possa compromettere l'equilibrio istituzionale. È quindi cruciale rafforzare le garanzie che impediscono la concentrazione del potere e assicurano che ogni istituzione possa svolgere il proprio ruolo senza interferenze indebite.

L'educazione civica emerge come strumento fondamentale per formare cittadini consapevoli e responsabili. Una società informata è meno vulnerabile alle manipolazioni e più capace di riconoscere e contrastare fenomeni di corruzione e abuso di potere. È importante che l'educazione civica sia promossa non solo nelle scuole, ma anche attraverso iniziative pubbliche, campagne di sensibilizzazione e programmi mediatici che diffondano la cultura della legalità e dei diritti.

Il ruolo dei media è anch'esso centrale. Un'informazione libera, pluralista e indipendente è essenziale per garantire la trasparenza e stimolare il dibattito pubblico. I giornalisti hanno la responsabilità di indagare, verificare le fonti e riportare i fatti in modo accurato. Al contempo, devono essere tutelati da pressioni e minacce che possano limitare la loro autonomia. La vicenda della P2 ha evidenziato i rischi associati al controllo dei media da parte di poteri occulti, sottolineando l'importanza di salvaguardare la libertà di stampa.

La collaborazione internazionale rappresenta un altro aspetto rilevante. Fenomeni come quelli legati alla P2 spesso travalicano i confini nazionali, coinvolgendo attori e interessi di diversi paesi. È quindi fondamentale che esista una cooperazione tra gli Stati per contrastare il crimine organizzato, la corruzione e le attività illegali transnazionali. Questo richiede accordi, scambio di informazioni e strumenti giuridici condivisi che facilitino le indagini e le azioni legali.

La responsabilità individuale è un elemento chiave. Ogni persona, in particolare chi ricopre ruoli pubblici o di rilievo nella società, deve agire con integrità e rispetto delle leggi. Non è sufficiente affidarsi alle norme o ai controlli esterni; è necessario che vi sia una forte etica personale che guidi le azioni e le decisioni. La cultura dell'impunità deve essere combattuta, assicurando che chi commette illeciti ne risponda davanti alla giustizia.

Infine, è importante promuovere una cultura del dialogo e della partecipazione. La democrazia si rafforza quando i cittadini hanno la possibilità di esprimersi, di essere ascoltati e di contribuire attivamente alla costruzione delle politiche pubbliche. Questo implica la valorizzazione dei processi partecipativi, il sostegno alle associazioni civiche e la promozione di strumenti che facilitino il coinvolgimento della popolazione nelle scelte che riguardano la collettività.

La storia della P2, con tutte le sue ombre e complessità, offre un patrimonio di esperienze da cui attingere per costruire un futuro migliore. Le lezioni apprese non devono rimanere semplici riflessioni teoriche, ma tradursi in azioni concrete e in un impegno collettivo per rafforzare la democrazia e i suoi valori.

È necessario guardare al passato non solo con lo sguardo critico di chi vuole comprendere, ma anche con la volontà di trasformare quelle conoscenze in strumenti di cambiamento. Solo così si potrà evitare che errori simili si ripetano e si potrà promuovere una società più giusta, equa e rispettosa dei diritti di tutti.

In questo percorso, ogni individuo ha un ruolo da giocare. Che si tratti di politici, funzionari pubblici, giornalisti, educatori o semplici cittadini, ciascuno può contribuire, nel proprio ambito, a consolidare i pilastri della democrazia e a prevenire le derive che hanno segnato periodi bui della nostra storia.

Nel capitolo finale, ci concentreremo sulla ricerca della verità, sulle domande ancora aperte e su come il coinvolgimento attivo dei cittadini possa fare la differenza nella costruzione di un futuro luminoso per l'Italia e per le generazioni a venire.

Alla Ricerca della Verità

La vicenda della Loggia P2, con le sue trame occulte, i misteri irrisolti e le influenze profonde sulla società italiana, rappresenta una sfida continua per chiunque cerchi di comprendere appieno la storia recente del nostro Paese. Nonostante le numerose indagini, i processi e le rivelazioni che si sono susseguiti nel corso degli anni, molte domande rimangono ancora senza risposta. Questo capitolo è dedicato a esplorare il significato di questa ricerca incessante della verità e l'importanza di mantenere viva la memoria storica come strumento per costruire un futuro migliore.

La complessità della vicenda P2 risiede non solo nella vastità delle sue ramificazioni, ma anche nella natura stessa delle sue operazioni, avvolte in un velo di segretezza e spesso protette da complicità e silenzi. Ogni tentativo di fare luce su questi eventi si scontra con ostacoli, omissioni e talvolta con la volontà deliberata di nascondere informazioni. Tuttavia, è proprio questa difficoltà che rende la ricerca della verità ancora più fondamentale.

La verità non è solo un fine in sé, ma anche un mezzo per promuovere la giustizia, la riconciliazione e la crescita collettiva. Sapere cosa è realmente accaduto permette di riconoscere le responsabilità, di rendere omaggio a chi ha sofferto e di evitare che errori simili si ripetano. Inoltre, comprendere le dinamiche che hanno permesso a un'organizzazione come la P2 di prosperare aiuta a rafforzare le difese della democrazia e a sensibilizzare le nuove generazioni sui pericoli delle derive occulte.

La memoria storica svolge un ruolo cruciale in questo processo. Ricordare non significa rimanere ancorati al passato, ma piuttosto utilizzare le lezioni apprese per illuminare il presente e orientare le scelte future. Attraverso la conservazione di documenti, testimonianze e opere culturali, si mantiene vivo il dialogo su temi fondamentali come la libertà, la giustizia e la partecipazione civica.

In questa ricerca della verità, il ruolo dei cittadini è indispensabile. Non si può delegare esclusivamente alle istituzioni o agli esperti il compito di indagare e comprendere. Ogni individuo ha la possibilità e la responsabilità di informarsi, di sviluppare un pensiero critico e di contribuire al dibattito pubblico. La democrazia si nutre dell'impegno collettivo e prospera quando i cittadini sono attivi e consapevoli.

È importante anche riconoscere il valore del pluralismo delle opinioni e delle prospettive. La storia non è mai monolitica, e diverse voci possono offrire interpretazioni complementari o contrastanti. Accogliere questa diversità arricchisce la comprensione e stimola un confronto costruttivo, evitando semplificazioni o polarizzazioni che possono ostacolare la ricerca della verità.

Nel corso degli anni, molte persone hanno dedicato le proprie energie a indagare sulla P2: giornalisti, magistrati, storici, attivisti e semplici cittadini. Alcuni hanno pagato un prezzo personale elevato per il loro impegno, affrontando minacce, ostracismo o incomprensioni. Il loro contributo è inestimabile e rappresenta un esempio di coraggio e dedizione al bene comune.

La tecnologia moderna offre nuovi strumenti per approfondire le ricerche e diffondere le informazioni. L'accesso a archivi digitali, la possibilità di connettersi con esperti e testimoni, l'uso dei social media per sensibilizzare l'opinione pubblica: tutte queste risorse possono essere sfruttate per alimentare la conoscenza e promuovere la trasparenza.

Tuttavia, è essenziale utilizzare questi strumenti con discernimento. L'abbondanza di informazioni può anche portare a confusione o alla diffusione di notizie non verificate. È quindi fondamentale adottare un approccio critico, verificare le fonti e distinguere tra fatti accertati e speculazioni.

Invitiamo il lettore a non considerare questo libro come un punto di arrivo, ma piuttosto come un punto di partenza. Le pagine che abbiamo condiviso rappresentano una sintesi di eventi, analisi e riflessioni, ma la storia è un organismo vivo che continua a evolversi con nuove scoperte e interpretazioni. Ognuno può contribuire a questa costruzione collettiva della conoscenza, approfondendo temi specifici, condividendo esperienze o promuovendo iniziative educative.

Partecipare al cambiamento significa anche agire nel proprio quotidiano, adottando comportamenti etici, sostenendo la legalità e promuovendo la solidarietà. Le grandi trasformazioni nascono spesso da piccoli gesti compiuti da molte persone.

La vicenda della P2 ci insegna che le ombre possono essere dissipate solo con la luce della verità e dell'impegno comune. È un percorso che richiede tempo, pazienza e determinazione, ma i risultati possono portare a una società più giusta, consapevole e resiliente.

In conclusione, la ricerca della verità sulla P2 è una sfida che coinvolge tutti noi. È un invito a non accontentarsi delle apparenze, a porre domande scomode e a cercare risposte approfondite. È un impegno a mantenere viva la memoria storica, affinché le lezioni del passato possano guidare le nostre scelte e ispirare le generazioni future.

Conclusione: Oltre il Velo del Mistero

La vicenda della Loggia P2 ha messo in luce quanto il potere possa operare al di fuori dei confini ufficiali, tessendo una rete invisibile di influenze e manipolazioni. Questo libro ha cercato di ripercorrere le tappe principali di quella storia, esaminando le radici, le dinamiche e le conseguenze che la P2 ha avuto sulla politica, l'economia e la società italiana. Ma ora, giunti alla fine di questo percorso, è opportuno riflettere su ciò che possiamo trarre da questa complessa vicenda e su quali prospettive si aprono per il futuro.

Innanzitutto, la P2 ci ha insegnato quanto sia fragile la democrazia se non è sostenuta da un impegno continuo per la trasparenza, la giustizia e la responsabilità collettiva. Le istituzioni democratiche non sono immuni alle infiltrazioni e ai tentativi di sabotaggio, e sta a ogni società adottare gli strumenti necessari per difendersi da questi attacchi. La necessità di una vigilanza costante emerge come uno dei principi più importanti per evitare che simili derive si ripetano.

Il tema della trasparenza è strettamente legato alla fiducia nelle istituzioni. La P2 ha minato profondamente questa fiducia, rivelando l'esistenza di poteri paralleli e di reti di complicità che agivano contro l'interesse pubblico. Per ricostruire tale fiducia, è necessario che lo Stato promuova una cultura della legalità e dell'integrità, in cui ogni cittadino si senta parte attiva e responsabile del processo democratico. La trasparenza non è solo un principio astratto, ma una pratica quotidiana che deve permeare ogni livello della società.

Allo stesso tempo, la P2 ci ricorda l'importanza del pluralismo e della libertà di informazione. Il controllo dei media è stato uno degli strumenti principali attraverso cui la loggia ha cercato di influenzare il dibattito pubblico e orientare le decisioni politiche. Oggi, in un'epoca di informazione globalizzata e di accesso immediato a contenuti online, il rischio di manipolazione rimane elevato. Garantire un'informazione libera e indipendente è una delle sfide più urgenti per difendere la democrazia e promuovere una partecipazione consapevole.

Infine, uno degli insegnamenti più significativi riguarda il ruolo attivo dei cittadini. La storia della P2 ci mostra che l'indifferenza e la passività possono creare terreno fertile per il consolidamento di poteri occulti. Al contrario, la partecipazione, la vigilanza e l'impegno civico sono le armi più efficaci contro la corruzione e l'abuso di potere. Ognuno di noi ha la possibilità di contribuire alla costruzione di una società più giusta e trasparente, attraverso gesti quotidiani di responsabilità e di attenzione alle dinamiche politiche e sociali.

Le prospettive per l'Italia del domani dipendono dalla capacità di imparare dalle lezioni del passato. Le riforme che sono seguite alla scoperta della P2 hanno rappresentato un primo passo verso una maggiore trasparenza e legalità, ma il cammino non è ancora concluso. È essenziale continuare a lavorare su questi temi, rafforzando le istituzioni democratiche e promuovendo una cultura di partecipazione e di rispetto per i valori costituzionali.

Nel futuro, l'Italia dovrà affrontare sfide complesse, dalla gestione delle risorse economiche alla lotta contro le disuguaglianze, dall'integrazione europea alla protezione dell'ambiente. Per farlo, è fondamentale che la politica sia guidata da principi di equità, trasparenza e rispetto per il bene comune. Solo così sarà possibile evitare che interessi particolari prevalgano sull'interesse generale, come è accaduto con la P2.

Le nuove generazioni, in particolare, avranno un ruolo cruciale in questo processo. Educare i giovani ai valori della democrazia, della libertà e della giustizia è uno dei compiti più importanti che la società possa assumersi. Attraverso l'educazione civica, il confronto aperto e l'esempio concreto, possiamo formare cittadini consapevoli e impegnati, capaci di resistere alle tentazioni del potere occulto e di promuovere una società più inclusiva e solidale.

In definitiva, la storia della P2 è una lezione che ci invita a non abbassare mai la guardia, a non dare mai per scontata la democrazia e a impegnarci costantemente per difendere i valori che essa rappresenta. Solo con una partecipazione attiva e consapevole possiamo costruire un futuro in cui il potere sia realmente al servizio della collettività e non degli interessi di pochi.

Appendici

Appendice A: Documenti Chiave e Testimonianze

La vicenda della P2 ha lasciato dietro di sé una mole significativa di documenti e testimonianze che hanno aiutato a ricostruire gli eventi e le attività della loggia. Di seguito sono elencati alcuni dei principali documenti che hanno svolto un ruolo cruciale nelle indagini e che hanno permesso di fare luce su molti aspetti della rete occulta orchestrata da Licio Gelli e i suoi affiliati:

1. **Lista degli iscritti alla P2** – Scoperta il 17 marzo 1981 nella villa di Gelli a Castiglion Fibocchi, questa lista conteneva i nomi di oltre 900 persone tra politici, ufficiali militari, magistrati e giornalisti. Fu il primo documento che portò alla luce l'esistenza della rete della P2.

2. **Piano di Rinascita Democratica** – Un documento strategico attribuito a Licio Gelli, che delineava i piani per modificare radicalmente il sistema politico italiano, concentrando il potere nelle mani di pochi e controllando i media. Sebbene Gelli abbia negato di essere l'autore, il documento è stato ritenuto una chiave per comprendere le intenzioni della loggia.

3. **Rapporto della Commissione Anselmi** – Il lavoro della Commissione parlamentare d'inchiesta presieduta da Tina Anselmi ha prodotto una serie di rapporti dettagliati che analizzano le attività della P2, le sue connessioni con la politica, l'economia e il mondo militare, e le sue influenze sulla società italiana.

4. **Atti giudiziari dei processi a Licio Gelli** – I documenti relativi ai processi contro Gelli e altri membri della P2, tra cui il caso del Banco Ambrosiano, forniscono una visione approfondita delle operazioni finanziarie illecite e del ruolo della loggia nei principali scandali dell'epoca.

5. **Testimonianze chiave** – Numerosi testimoni, inclusi ex membri della loggia, giornalisti e funzionari pubblici, hanno fornito dichiarazioni cruciali nelle indagini. Tra questi, sono significative le testimonianze di magistrati come Ferdinando Imposimato e le rivelazioni di giornalisti che hanno investigato sulle attività della P2.

Appendice B: Cronologia Dettagliata degli Eventi
La seguente cronologia offre una panoramica dettagliata degli eventi
principali legati alla Loggia P2, dalla sua nascita fino allo scandalo
pubblico e alle conseguenti indagini e processi.

- **1877**: Fondazione della loggia massonica Propaganda, divenuta
  successivamente P2.

- **1960**: Licio Gelli assume il controllo della loggia P2,
  trasformandola in un'organizzazione segreta con l'obiettivo di
  infiltrarsi nelle istituzioni italiane.

- **1974**: Iniziano a emergere i primi sospetti sulle attività illecite
  della P2, ma la loggia riesce a mantenere segreta la sua esistenza.

- **12 dicembre 1969**: Strage di Piazza Fontana a Milano. Si
  ipotizza il coinvolgimento di membri della P2 nelle attività
  terroristiche di questo periodo.

- **17 marzo 1981**: Scoperta della lista degli iscritti alla P2 durante
  una perquisizione nella villa di Licio Gelli. Questo evento segna
  l'inizio dell'inchiesta pubblica sulla loggia.

- **Maggio 1981**: Dimissioni del governo Forlani, travolto dallo
  scandalo P2.

- **1982**: Crollo del Banco Ambrosiano e morte sospetta di
  Roberto Calvi, legato alla P2 e coinvolto in operazioni
  finanziarie oscure.

- **1986**: Avvelenamento in carcere di Michele Sindona, altro
  protagonista degli scandali finanziari legati alla P2.

- **1981-1986**: Processo alla P2 e indagini della Commissione
  Anselmi, che portano alla condanna di Gelli e alla scoperta di
  numerose connessioni internazionali.

- **1992-1994**: Inchieste di "Mani Pulite" e caduta della Prima
  Repubblica. Alcune figure politiche legate alla P2 sono
  coinvolte nelle indagini sulla corruzione.

Appendice C: Profili dei Principali Protagonisti

Di seguito sono riportati i profili dei protagonisti principali coinvolti nella vicenda della P2, i cui ruoli e azioni hanno segnato profondamente il corso degli eventi.

1. **Licio Gelli**

   Maestro Venerabile della Loggia P2, Gelli fu la mente dietro l'espansione della rete occulta che cercò di influenzare la politica, l'economia e i media italiani. Il suo ruolo centrale nella vicenda lo rese il simbolo stesso della loggia e delle sue operazioni segrete.

2. **Roberto Calvi**

   Presidente del Banco Ambrosiano e membro della P2, Calvi fu coinvolto in numerosi scandali finanziari. La sua morte misteriosa sotto il ponte dei Frati Neri a Londra nel 1982 resta uno dei misteri irrisolti legati alla loggia.

3. **Michele Sindona**

   Potente banchiere e affiliato alla P2, Sindona ebbe un ruolo chiave nello scandalo del Banco Ambrosiano. Fu condannato per frode e bancarotta, e morì avvelenato in carcere nel 1986.

4. **Tina Anselmi**

   Deputata e presidente della Commissione parlamentare d'inchiesta sulla P2, Anselmi condusse un'indagine rigorosa sulle attività della loggia, affrontando ostacoli e resistenze, ma riuscendo a produrre un rapporto che contribuì a far luce sulle trame occulte della P2.

5. **Ferdinando Imposimato**

   Magistrato e politico, Imposimato fu uno degli investigatori più importanti nelle inchieste legate alla P2. Il suo lavoro contribuì a svelare il coinvolgimento della loggia nei principali eventi terroristici e finanziari dell'epoca.

6. **Giulio Andreotti**

   Figura di spicco della politica italiana, Andreotti fu sospettato di legami con la P2, anche se non fu mai condannato per tali accuse. Il suo nome emerse più volte nelle indagini sulla loggia e sui suoi rapporti con il potere politico.

7. **Arnaldo Forlani**
Presidente del Consiglio durante la scoperta della P2, Forlani si dimise nel 1981 a seguito dello scandalo che coinvolse numerosi membri del suo governo. La sua figura è emblematica della crisi politica innescata dalla loggia.

Bibliografia e Fonti

Libri e Articoli

1. **"La P2 nei segreti d'Italia"** di Sandro Neri. Un'analisi approfondita sulle trame della P2 e sulle sue implicazioni nelle vicende politiche italiane degli anni '70 e '80. Il testo esplora la struttura organizzativa della loggia e il ruolo di Licio Gelli.

2. **"Venerabile Italia"** di Gianni Barbacetto. Un libro che ricostruisce in dettaglio le connessioni della P2 con il mondo politico e finanziario italiano, concentrandosi sulle figure chiave coinvolte nello scandalo.

3. **"Il burattinaio"** di Aldo Giannuli. Una biografia critica di Licio Gelli, che analizza le sue relazioni politiche e il suo tentativo di influenzare la democrazia italiana attraverso la P2.

4. **"Poteri occulti e massoneria"** di Stefania Limiti. Uno studio su come le logge massoniche, e in particolare la P2, abbiano agito dietro le quinte, influenzando eventi cruciali come gli attentati terroristici e gli scandali finanziari.

5. **"La verità della P2"** di Ferdinando Imposimato. Il giudice che indagò sulla loggia P2 racconta la sua esperienza diretta e offre un'analisi delle indagini giudiziarie che seguirono alla scoperta della lista degli affiliati.

6. **Articoli di inchiesta pubblicati su "L'Espresso" e "Il Corriere della Sera"** dal 1981 in poi. Diversi articoli hanno documentato lo sviluppo delle indagini e il coinvolgimento della P2 in scandali politici ed economici.

Documenti Ufficiali e Atti Giudiziari

1. **Atti del processo contro Licio Gelli e la P2** – Documenti ufficiali relativi ai processi giudiziari in Italia e all'estero contro Gelli e altri affiliati alla P2, con particolare attenzione al caso del Banco Ambrosiano e al coinvolgimento della loggia in operazioni finanziarie illecite.

2. **Rapporto finale della Commissione Anselmi** – Il rapporto completo della Commissione parlamentare d'inchiesta sulla P2, che analizza in dettaglio le attività della loggia, le sue connessioni politiche e le implicazioni legali delle sue operazioni.

3. **Legge n. 17 del 25 gennaio 1982** – Testo della legge italiana che vieta le associazioni segrete, approvata dopo la scoperta della P2, e che ha istituito misure per prevenire la formazione di organizzazioni simili.

4. **Sentenza della Corte di Cassazione, caso Banco Ambrosiano (1982)** – La sentenza conclusiva che riguarda la bancarotta fraudolenta e la connessione con i legami della P2, in particolare con Roberto Calvi e le operazioni bancarie internazionali.

5. **Documenti del Parlamento italiano sulla Strategia della Tensione** – Testimonianze e atti che collegano la P2 agli eventi terroristici degli anni '70, inclusi i depistaggi nelle inchieste sulla strage di Bologna e Piazza Fontana.

Interviste e Testimonianze

1. **Intervista a Tina Anselmi** – Le riflessioni della presidente della Commissione parlamentare sulla P2, che ripercorre il lavoro svolto e le difficoltà incontrate durante l'inchiesta. Pubblicata su "L'Espresso" nel 1985.

2. **Testimonianza di Ferdinando Imposimato** – Magistrato e politico, ha contribuito alle indagini sulla P2. Le sue dichiarazioni sono state raccolte in diverse interviste televisive e scritte, in particolare nel documentario "Le mani sulla democrazia".

3. **Intervista a Giuliano Turone e Gherardo Colombo** – I magistrati che scoprirono la lista degli affiliati alla P2 durante le indagini sul Banco Ambrosiano. Le loro testimonianze sono fondamentali per comprendere i retroscena dello scandalo.

4. **Intervista a Carlo De Benedetti** – Industriale e protagonista di vari eventi collegati alla vicenda P2, De Benedetti ha rilasciato diverse dichiarazioni sulla loggia e sui suoi rapporti con il mondo della finanza.

5. **Documentari televisivi** trasmessi da Rai e La7 negli anni successivi alla scoperta della P2, contenenti interviste e testimonianze chiave su figure centrali dello scandalo.

Leonardo Serra

Leonardo Serra è uno scrittore e ricercatore appassionato di storia italiana e delle dinamiche oscure del potere. Nato in Italia, ha dedicato gran parte della sua carriera a esplorare i legami tra politica, economia e società, con particolare attenzione ai fenomeni segreti e alle organizzazioni occulte che hanno influenzato il corso della storia.

Con una formazione in scienze politiche e storia contemporanea, Serra ha contribuito a numerosi articoli e saggi sulle tematiche della corruzione, dei poteri occulti e delle verità nascoste. Il suo approccio rigoroso e investigativo lo ha portato a diventare una voce autorevole nella ricerca sulle trame nascoste che hanno segnato il panorama politico italiano.

"P2: Ombre di Potere" rappresenta la sua prima opera di ampio respiro, in cui offre una narrazione approfondita e documentata di uno degli scandali più sconvolgenti della storia italiana.